具身视域下中学地理
空间思维的教学研究

上海市普教系统
名校长名师培养工程

U0603221

问魔方

郭迎霞 等编著

上海教育出版社
SHANGHAI EDUCATIONAL
PUBLISHING HOUSE

打开地理空间的"魔法盒"

　　2018年深秋,上海市第四期"双名工程"郭迎霞攻关基地成立,14名成员开启了持续3年的项目研究,经过大家共同讨论,将目标锁定为"地理空间思维"。当研究方向确定后,研究中接踵而来的困惑、困难、困境乃至困苦,几乎折磨得所有参与者透不过气来。每次研究讨论总是持续三四个小时之久,为了一个概念、一种策略、一个合适的词语,大家各抒己见,据理力争,往往争得面红耳赤、各不相让。在百花齐放、百家争鸣之中,真相越辩越明,研究思路越来越清晰,研究内容也逐渐聚焦。从最初地理空间思维泛化、宽泛的感觉,不断调整研究视角,从教学中地理空间思维的培育问题着手,以地理空间知识教学为切入点,紧紧围绕思维培养,终于完成了思维模型与教学模型的建构,揭示出空间思维培育的具身机制,为空间思维培育提供了明晰的教学路径。

　　本研究整合具身理论,属于中学阶段地理空间教学的系统性研究,从"教—学—评"三个维度为学生的空间思维发展提供全新的视角和路径,以地理空间思维发展模型和教学模型重构课堂教学结构和教学方式,尝试推出一种地理课堂教学的新样态。

　　在成果总结和整理的过程中,我们欣喜地发现,当初课题设立的仿佛"十万大山"一样高不可攀、多不可言的研究目标,空间思维概念体系、空间思维评测、空间知识库、空间知识教学策略与模型等难题,被我们一个个攻破。山上如今红旗飘飘,抬眼望去,真乃"红军不怕远征难,……三军过后尽开颜"!

　　回顾这三年走过的科研之路,有无数的辛苦和波折。下面是基地第一次会议后上海市建平中学学员景思衡老师的感想：

第一次集体会议是头脑风暴，讨论如何研究看不见、摸不着的地理空间思维。坦白说，我一开始被吓到了。地理空间思维是一头黑暗中的巨兽，是大脑幽暗中的精灵。在地理教学中，每一名教师都知道它的存在，但是没有人敢说自己可以捕获它、驾驭它，很多教师甚至连尝试的意愿都没有。我们更多的是寄希望于通过一种叫作"悟"的虚幻行为，让学生自行感受。作为一线地理教师，虽然我们每一个人都从教学实践经验中隐隐感到，思维尤其是地理空间思维在教学中的重要性，但是碍于有限的知识背景，我们不会涉足这种认知心理学与地理学的交叉领域。教学和成绩的压力也让我们更愿意钻研课堂的各种具体教学方法，而非直面教学中的这道难关。课题组想"直捣黄龙"，直接研究地理学习的思维本质，领航者是何等的勇气与自信！

在第一次讨论中，郭老师话不多，让我们各抒己见。她偶有几句点评，犀利、切中要害，但并非做出结论，而是循循善诱，引导大家将讨论不断深入。几个小时的讨论让人激动不已。在回家的路上，依旧沉浸在兴奋中的我突然感到一丝担忧：我们真的可以靠热情和经验俘获地理空间思维这只巨兽吗？

景思衡老师的感想的确是我们大多数人的担心。为什么我话不多，也不作结论，因为地理空间的话题对于我来说既源远流长、似曾相识，又爱恨交加。地理空间教学是中学地理教学的本质特点，更是教学中的难点。空间无形，思维无限，两者叠加到底是魅力无穷，还是魔力无法无天？说实在的，到底能研究出什么结果，我心里也没有数。但我们会触碰到很多中学地理教师避之不及的痛点，如果成功则可以打开地理空间思维培育的魔法盒，会对地理教学发展起到推动作用。

话说回来，我们为什么要研究地理空间思维，基于地理空间思维教学的本质，大概有以下思考。

一、缘起

空间思维是地理学科特有的思维品质，是从空间视角考量世界，使学生能够描述和分析人与地理环境所处空间的组织形态。空间思维是人类认识世界的重要能力之一,是形成地理核心素养的基础,直接影响着学生的地理学习和问题解决。但在当前中学地理教学研究中,空间思维培育基本属于空白,亟待破解。

（一）地理学在空间思维培育中有不可替代的独特作用

由于地理学科建立在事实性知识之上,与几何学、物理学的理想空间不同,地理空间除具备基本几何属性外,还包含丰富的地理特质,地球上最复杂的物理、化学、生物等过程都发生于此。因此,地理空间具有复杂性、差异性和动态性等特点,可以引导学生利用空间思维对空间信息进行结构化、有序化、可视化,认识真实空间,解决现实问题,形成把握学科本质的"地理眼"。

（二）地理空间思维是发展核心素养的基本支撑

《普通高中地理课程标准(2017年版2020年修订)》指出地理学科四大核心素养之一的区域认知是地理学习的基本方法。而空间是区域认知的研究本体,区域认知主要的发展路径是培养学生运用地理空间思维,揭示地球表面的空间秩序。由此可见,地理空间思维是区域认知的基础,是实现地理核心素养的基本支撑,也是地理学的原点思维。

（三）传统地理教学中缺乏系统性的空间思维教学

地理空间的现实性使其复杂多样、动态演化乃至无形无感,学生几乎难以直接感知空间,空间思维发展更是难以企及。教学中,也有教师把地理空间思维简单地等同于读图技能,且现行中学地理课程和教材中对空间知识无系统表述,空间知识传授与思维培育多呈隐形、渗透状态,多为个性化、散点式的经验之谈。培养学生的空间思维缺少着力点、突破口、脚手架和操作台,学生学习基本上处于"自悟"状态。但各级各类学科评价中对空间思维的考查却几乎无处不在,且要求较高,学生经常是"有感觉、考不出"。空间难感、思维不知、水平难测,使相应教学犹陷"黑箱",相关研究长期缺位。

二、过程

本研究解决的主要问题是探索如何培养地理空间思维,主要目标是在教学实践中凝练教、学、评系统性解决方案。关键点是在空间思维与教学系统间建立桥梁,开拓具身感知通道,将无形的空间及抽象的思维具象化。难点是思维策略探索,要从思维层面融合心理学理论,重新揭示空间课堂结构、教学内容、教学目标、教学方法、思维评价等内容,挑战较大。为此,课题组将总目标分解为四个子目标,分三个阶段实施。

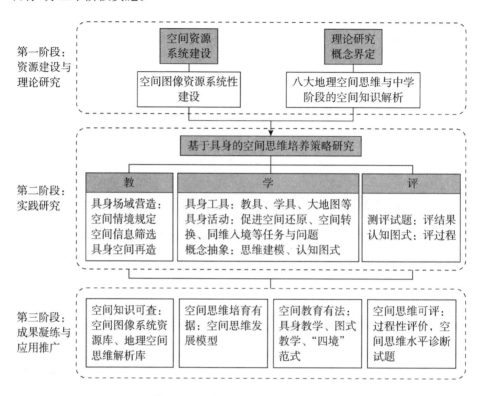

图1　基于具身的空间思维培养策略研究框架图

（一）第一阶段:空间资源建设与理论研究

本阶段解决的主要问题是对"空间—图像"资源的补充和建设,建立空间思维概念体系。前期研究在空间课程资源开发建设方面进行了积累,先后出版发行了图像资源用书14部,开发教学课件130余节、教学素材4.6GB、校本选修教材1本,发表相关论文4篇。后期以上海市级攻关计划基地为平台,研究从资源开发转至空间思维培养,并在核心概念的界定和思维测评、空间知识解析等方面取得阶段性成果。

（二）第二阶段:围绕"教—学—评"开展实践研究

本阶段是课题深化研究的关键,围绕核心问题"地理空间思维的培养策略",

重点建构空间教学体系。在专家的指导下,聚焦具身理论,教学思路和策略日臻成熟,思维模型和教学模型初步确立,攻克了研究重难点。2020 年 4 月"中学地理空间思维认知系统的教学研究"课题在中国教育学会立项。

（三）第三阶段:研究成果凝练与应用推广

本阶段的顶层设计是在应用推广中,对已有模型和策略进行深度打磨,锤炼空间思维培养策略。通过对课堂教学进行切片和解析,对成果做进一步系统的精梳提炼,形成地理空间教学的系统性解决方案;引领实验学校将成果转化为特色校本教研;通过讲座、论文、著作、研讨会、公开课等形式,促进成果辐射。

三、创新

本研究在理论和实践层面都一定程度上填补了地理空间知识教学方面的空白。

（一）整合具身理论,探索地理空间思维培养的具身机制

具身机制揭示了地理学科的空间性和实践性、具身认知的涉身性、身体与环境的互动性、活动的情境性以及体验的情感性之间的内在联系,凸显出具身学习在地理空间知识教学中的独特价值。

（二）通过具身化教学模型,引领课堂教学方式向"以学定教"转型

本研究属于中学阶段地理空间教学的系统性研究,课题组围绕学生的空间思维发展,创新教学组织方式和教学手段,从"教—学—评"三个维度,以思维发展模型和教学模型重构了课堂教学结构和教学方式。具身化教学有利于学生达成"身·心·境合一"的具身认知状态,促使地理空间本质、学生本性、学习本体相融合。运用具身认知理论,通过具身通道的建设和认知图式的构建,把难以名状的空间变成清晰的地理,并将深入的个人认知方式与科学的理性知识结合在一起,有助于学生深刻理解空间知识的内涵,使学生在生动、感性、可理解的具身体验中发展空间思维,使空间思维显性化、结构化、秩序化,从而满足学生的思维发展诉求,实现因材施教。具身化地理教学,以学生思维发展为导向,助力学生在具身融入过程中"运思启智",达成"做思融合""做思共生"的境界。

2019 年 12 月,课题组在原上海市师资培训中心和上海市地理学会的指导

下,联合浙派名师基地、苏州中学蔡明基地,举办了"论道空间,解密思维"长三角地理名师联合教研,全国各地的与会教师超 300 人。成果全方位的展示让与会者深受启发,得到了国内同行的高度认可。课题组成员景思衡老师的"大气环流"一课得到苏州中学蔡明老师的高度肯定:"学生通过具身学习,在模拟空间建构三圈环流模型,这是艰难、'烧脑'的探究过程,通过具身教学使学习真正发生了。"中国教育学会地理教学专业委员会理事长段玉山认为,本研究成果从教学实践层面找到了地理空间思维研究的突破口,可复制、可迁移,有推广价值。

同时,课题研究助推了基地学员从经验型教师向研究型教师的转变,呈现强劲的专业发展力。基地学员在课题研究的过程中形成良好的学习研究氛围,团结协作、勇挑重担,3 年来累计开设课题研究课 20 余节,其中省市级 15 节,"热力环流"等 3 节课获上海市中青年教师课堂教学评比一、二等奖,3 节课入选省、部级"一师一优课",20 余节课获上海市优秀微课、市级精品课等;参与各级课题共 18 项,主持 15 项,有国家级课题"中学地理空间思维认知系统的教学研究"等 3 项,省市级课题 4 项,区级课题 8 项;近五年发表学术论文超 50 篇,其中 19 篇发表于《地理教学》《中学地理教学参考》等全国核心期刊;出版地理教学专著 6 本、空间图像课程资源 7 本。基地学员专注空间思维和课堂结构变化,提出了一系列空间教学的实操策略。他们的教学理念和能力得以提升,一批学科骨干和优秀教师苗壮成长:郭迎霞老师于 2020 年 12 月被评为正高级教师,柳英华老师于 2020 年被评为上海市特级教师后备,赵彩霞老师于 2021 年 6 月荣获金山区园丁奖、2021 年被评为正高级教师,有 8 人获上海市和区级的学科骨干、学科带头人、学科名师等荣誉称号。在基地活动中,一个研究型学习团队已经形成。

基地三年内在科研方面能取得一定成果,学员能有所成就,在此我要代表基地所有成员,衷心感谢原上海市师资培训中心、上海市教委教研室、上海教育出版社等相关领导和老师的大力支持。原师资培训中心组织的各类高水平、高质量的讲座让我们打开了思路和眼界,提升了境界。感谢段玉山教授、吴国平教授、庞维国教授、陈胜庆教授、霍益萍教授、苏小兵副教授、周敬山老师、周义钦老师等在课题不同阶段给予的指导,你们高屋建瓴、出神入化的点拨,提供了有力的帮助和指导,为课题研究指明了方向。感谢所有基地成员,是你们的坚持与奉献、执着与热爱、严谨与深刻,让我们共同完成了不可能完成的任务和目标,才有了这洋洋洒洒 20 多万字沉甸甸的收获!

地理空间思维教学模型,作为一种在实践基础上建构的新教学方式,其理论与实践体系虽然初步构建起来,但仍有不足和局限,如思维发展过程性评价、具身工具库的丰富补充、具身认知与学生情绪和情感的关系等尚有待完善。但这也使得空间思维拥有无穷魔力和无尽魅力!课题组将把它作为事业,继续深入探索,为地理教学事业做出更大贡献。

郭迎霞

2023 年 8 月

目录

第一章

具身认知理论与地理空间教学

第一节　具身认知理论

一、具身认知理论的来源与发展

具身认知理论是在传统认知心理学的基础上发展而来的,主张身心合一,它强调认知来源于身体进行感知运动的各种体验,也就是说身体和周围环境在交互作用的体验中产生了认知。20 世纪 80 年代后,随着具身认知的兴起以及相关心理学的研究,人们对"人的认知"的认识也在不断提升。

(一)具身认知理论的起源

与具身认知相关的理论主要有联结主义、行为主义、传统认知心理学,三者与具身认知有一定的相似之处,但也有明显的差异。

1. 联结主义心理学

联结主义是 20 世纪初美国心理学家桑代克提出的学习理论,主要指问题情境与反应动作之间的联结,是在动物实验研究的基础上提出的一种学习心理学理论。如关在笼子里的猫,通过反复试错,无意识中触碰笼子开关获得成功,通过多次尝试,最后可以一次性成功打开笼子。联结主义认为,思维是以尝试和试错的方式解决问题,并找出密切关联的对象。在地理空间思维教学中,重视地理要素的关联性,培养学生以联系的观点分析地理现象。

到 20 世纪 80 年代,受计算机程序符号加工的影响,联结主义的发展以神经网络为核心。联结主义认为人的大脑如同计算机,人的认知活动不只是对单一信息进行加工,而是大脑神经元各个组成单元的整体网络互动。这一主张使其成为现代认知心理学的理论基础。它与具身认知理论强调的身体与环境对认知的整体作用具有一定的相似性。但是,联结主义的认知过程主要是强调大脑的活动,而忽视了身体参与认知过程的重要性。

2. 行为主义心理学

行为主义心理学产生于 20 世纪初,美国心理学家华生与斯金纳是其代表人物。他们认为心理学不是研究大脑的意识,而是研究人的行为以及行为与环境的关系。行为主义认为思维是身体各器官的行为表现,人的行为是由环境刺激决定的,不同的刺激产生不同的行为。同样,根据人的行为又可以推断环境的刺激,研究也证明人在思考时发音器官会有活动变化。在教学研究上,代表人物斯金纳认为强化设计学习环境、教学设计、小步子、程序化,可以提高学习效率。"环境刺激—反应"原理对地理教学的影响主要是重视地理实践、地理考察与实地调查等活动,教学中可以营造直观的、形象的多媒体材料以提高学习效果。

行为主义与具身认知在"身体器官参与思维"方面有一定的共性,但是行为主义过于强调环境刺激和身体行为,而忽视知识内化的思维、判断、情感、记忆等认知活动过程,使意识活动简化为行为过程,与具身认知主张的身体和大脑的统一体有所不同。

3. 认知心理学

认知心理学是 20 世纪 60 年代在美国出现的一种新思潮,它发展成为心理学的主流。与行为主义强调的外部刺激不同,认知心理学更重视知识的建构过程,主要研究人的心理认知过程,如注意、知觉、表象、记忆、思维、语言等。受计算机与人工智能领域的影响,认知心理学认为人的认知过程是大脑对信息的接受、存储、处理等信息加工处理的过程。认知心理学重视心理的内在活动,对地理教学的影响在于重视信息的获取、加工、存储与编码,培养学生读图分析、获取信息、知识建构的能力。但是,认知心理学对人的情感、态度以及身体各器官对环境的感觉等有所忽略。

以上三种观点都是以身心分离的二元论观点研究人的学习心理,联结主义与传统认知心理学主张认知的主体是大脑,大脑对接收到的信息进行处理、分析,是独立于身体而存在的,而身体仅是接受刺激的行为反应者,认知行为过于内化,脱离了身体的感知,脱离了真实环境。而行为主义过于强调"环境刺激—反应",重视身体行为而忽视大脑思维,也是一种身心分离的二元论。具身认知则主张认知过程是身心合一的一元论观点。

（二）具身认知理论的发展

具身认知概念来源于英文 Embodied Cognition。与传统心理学主张身心分离的二元论不同,具身认知理论是认知心理学的进一步发展,主张身心合一。"认知是具身的,大脑嵌入身体,身体嵌入认知环境之中,人类认知是大脑、身体、环境三者构成的统一体。"身体各个器官的活动与大脑的思维活动密切相关。

瑞士心理学家皮亚杰认为,儿童的认知既非产生于主体,也非产生于客体,而是产生于认知的实践活动。实践活动中,身体作用于客体,认知就产生于联系主客体的实践活动,人的认知是身体、环境、活动三者相互作用的结果。美国教育家杜威的"从做中学"充分体现了他对身体的重视,他认为理性思维是以身体经验为基础的。法国哲学家梅洛·庞蒂认为,人是身体和思维不可分割的存在,意识、身体、物质世界三者是统一的。美国心理学家西恩·贝洛克认为,移动身体会为创造性思维带来意外好处①,揭示了身体动作对于提高工作表现的重要性。

我国古人提出"知行合一",指出身体实践的重要性,"知是行之始,行是知之成",知中有行,行中有知。著名教育家陶行知将"知行合一"进一步深化,提出"生活即教育,社会即学校,教学做合一",指出身体参与学习的重要性。当代心理学家叶浩生认为:"具身认知理论的中心观点是:认知、思维、记忆、学习、情感和态度等是身体作用于环境的活动塑造出来的。从根本上讲,认知是一种身体经验,身体的物理体验制约了认知活动的性质和特征。认知基于身体,源于身体。"②

身体和身体各器官与外部环境相互作用,产生的行为动作、知觉、情感等,通过特殊的感觉通道在大脑中形成心理状态,从而影响大脑的思考和推理。

具身认知理论与传统认知理论相比有以下差异:第一,具身认知更加强调身体的重要性,而不仅仅是大脑;第二,具身认知更加强调环境对认知的作用,人的认知是在复杂的、不良的情境中发生的,而不仅仅是在实验室控制下的认知环境中发生;第三,具身认知更加强调整体效应,身体、大脑、情感、环境等诸多要素相互作用、相互影响;第四,具身认知认为,认知是身体与大脑共同参与的身心一元论,而不是身心分离的二元论;第五,具身认知强调认知过程具有群体性、合作

---

① 西恩·贝洛克.具身认知——身体如何影响思维和行动[M].李盼,译.北京:机械工业出版社,2016.

② 叶浩生.具身认知——原理与应用[M].北京:商务印书馆,2020.

性,而非仅仅是个人行为;第六,具身认知强调认知过程是动态的、变化的,而非静止的。

二、具身认知理论的主要观点

心理实验、脑科学实验等水平的提高,进一步验证了身体运动方式、身体器官感觉、身体行为体验等决定了我们怎样看待世界。认知是由身体及其感觉塑造出来的,直观的感性思维来自具身认知,理性的抽象思维根本上也源于具身认知。

（一）身体与认知的融合

我国心理学家叶浩生认为,认知基于身体,根植于情境,认知、身体和环境是不可分割的整体。认知过程是具身的,身体是认知系统的组成部分,身体的不同器官在认知活动中承担不同的任务,发挥不同的功能,因此认知不仅仅是大脑的活动,而且是全身心与环境各要素的相互作用与融合。具身认知是认知、身体、环境在实践和空间上的耦合,具身认知强调人对世界的认知是通过身体"建构"出来的,是通过身体的物理结构、感觉通道形成的对客观世界的认知。例如,通过模拟实验,学生亲眼看到一杯热水中有蒸汽上升,并在杯盖上遇冷凝结成水滴的实验现象,从而更易于理解气体受热上升并遇冷凝结的原理。上述"实验操作—观察现象—原因分析"的过程就是一种具身认知体验过程。做实验时,会看到学生小心翼翼地将热水慢慢倒入杯中,而将冷水倒入杯中时速度较快,近距离面对冷、热水的身体感觉有明显差异,在后续的热水蒸发现象的观察中更容易关注到两者的区别。

（二）隐喻与具身认知

隐喻是指人们用常见的某一认知系统的有形和简单的概念,来表达和理解另一个认知域中无形、复杂及抽象的概念。例如,生活中常用表示温度的"温暖、冷淡"来表示人物性格,用躯体构成系统如"山脚"来表示地理空间概念,使抽象概念具体化。抽象概念的理解源于身体的隐喻与模拟机制,隐喻是指抽象概念的具体化。隐喻源于身体或身体与环境的互动,因此抽象思维也是建立在具身认知经验的基础之上,也具有具身性,是一种间接具身。例如,城郊热力环流、山谷风、季风等知识具有抽象性,用以解释这些地理事象的热力环流原理也具有抽象性,教学中可以借助生活中的真实情境(如火炉上烧开的热水产生的水蒸气)来理解气体受热膨胀上升,借助具体的蒸气运动来认识抽象的热力环流,将这些抽象的原理建立在具身认知的基础之上。

(三)镜像神经元与心智具身

科学家发现在恒河猴大脑中存在指示手部与口部运动反应的区域,当恒河猴用手抓取食物或观察其他恒河猴做同样动作时,该区域都会出现放电反应,这表明该区域神经细胞被激活,说明作为观察者的恒河猴即使没有抓取食物也能理解该动作的含义。拥有该功能的脑细胞被称为镜像神经元,使人们可以根据已知的概念进行推理、判断等思维活动。镜像神经元的发现,说明了人类的心智活动并非脱离身体的抽象符号加工,而是在身体与环境互动过程中对客观环境的间接反应。镜像神经元理论为模拟具身提供了依据,证实通过各种模拟环境可获得间接具身的感知。例如,在等高线地形图的学习中,学生可以运用等高线模型和地形图等材料,感知等高线的形状和地形分布等空间信息,并学会判断山峰、山谷、山脊、鞍部等地形部位,这是建立在曾经爬山、看山,或看过山地景观图、山区视频材料的基础之上。反之,当这些具身体验的基础都缺乏时就会造成学习困难,因此需要弥补缺乏的具身体验。可见,感性思维和抽象思维都离不开具身认知。

三、具身认知的主要类型

(一)基于身体学习的具身认知

身体学习主要是指身体置于客观环境中,各器官直接获取信息并进行加工处理,身体行为活动直接作用于客观实物获取信息并产生情感的变化。舞蹈家、运动员、旅行家、修理工、蛋糕师、驾驶员等的行为都是最为典型的身体学习与体验。科学家发现,在初次学习一项技能,如学骑自行车时,人们的注意力会高度集中在手、腿、脚该如何摆放上,使负责注意力的人体前额叶皮质大量投入,当骑自行车熟练之后,前额叶皮质参与会减少,身体会自动进入自觉的专注状态,因而身体学习有益于注意力的提升。同时,在学习骑自行车的过程中也有情感的体验,有行为动作的不断改进。身体学习是基于身体的学习,是一种典型的具身认知。

在地理空间思维培养中,动手操作类活动,如热力环流实验、组装使用天文望远镜、动手制作三圈环流模型等,需要学生多感官参与,集中精力专注操作,操作过程本身就是身体学习的过程,身体动作的正确性、熟练程度等直接决定着能否达成目标。

（二）基于身体参与的具身认知

身体参与到认知环境中,通过观察分析获取信息。我们的身体时时刻刻都处于一定的空间中,在这个空间中身体会有前后、左右、左前方、右后方等空间方位的感受。例如,当第一次来到某一酒店,我们通过身体的感受来认识新的空间,通过身体在各个房间中的走动来熟悉新的环境,用身体感知到餐厅在大堂的右侧、咖吧在二楼、健身房在咖吧的对门……因此,身体与空间密不可分,人们可以用身体与身体的行动来感知空间方位。

在地理空间思维培养中,进行室外考察或研学旅行时,身体参与其中,感受环境状况,开展确定方向、判断路线、分析天气状况、判断风向和风力等体验式学习,形成具身认知。

（三）基于具身经验的具身认知

1. 具身经验与具身体验

正所谓"见多识广",随着年龄的增长、活动空间的扩大,身体学习的内容会不断增加和扩展,身体的感知也逐步丰富。但人不可能走遍世界各地,学习的内容并不都是亲身经历过的场景和看到过的空间,概言之,即"不在场,非具身"。通过语言描述、景观图、分布图、视频材料等可视化图像系统或文本阅读,同样可以获取地理事物的空间分布格局以及地理现象的发生缘由,这是因为用以往的具身经验进行了间接的具身认知。已有的地理认知原型（如曾经看到、感受到的真实环境的具身体验）,或是在电影、电视、网络上看到,或是有相似情境下的具身体验,或是对文字描述的理解,这些都构成人们的具身经验。

2. 具身经验与抽象概念

对于抽象概念的认知是人们凭借间接的具身经验而形成的认知,以往的具身体验、经常出现的具身感知形成了人们对抽象概念的理解。这也是心理学中镜像神经元产生的反应,用自己经历过的动作去理解他人动作的意图,如看到别人吃酸梅自己的唾液分泌会增加。因此,教师提供的各种图像、视频、动画等,属于建立在具身经验基础上的抽象思维学习,有利于空间感知思维向空间推理思维的进阶提升。

第二节　地理空间与地理空间思维

一、地理空间

(一) 什么是地理空间

地理空间是地理事物所依存的环境空间,地球表面的一切地理现象、地理事件、地理效应、地理过程,都发生在以地理空间为背景的基础上,基于空间审视"人地关系"是地理学的根本思想方法。不同时代的地理学家都使用地图、地理信息系统等工具,基于空间提出地理问题、收集分析地理信息、解释和表达对世界发展至关重要的地理运作模式和地理进程。

美国地理学家哈特向认为,地理学构成了根据空间范围组织的所有现象的研究,历史学构成了根据时间尺度组织的所有现象的研究,两个学科在一起填充了"我们整个感觉世界"。

地理空间是指地球表面或某一地域,是物质、能量、信息及人类行为在地理范畴中的存在形式、功能关系上的分布方式和格局及其在时间上的延续。地理空间的研究对象是自然地理与人文现象之间的关系,以及地域之间的空间作用关系,也是地理事象的最基本特征。

地理空间除了一般的空间几何性质之外,还包含丰富的地理性质,地理学是研究自然系统、地理区域、社会和文化活动之间相互依存关系的科学。地理空间可分为绝对空间与相对空间两类。其中,绝对空间又称客观空间,是指地理事象所占据的绝对位置,是独一无二的,是客观存在的,其不受任何外部因素或观察者的影响,如中国地形图;相对空间又称主观空间,其以观察者为核心,会随外部作用或观察者发生改变,其本身的位置特性可以改变维度,例如在分析某区域的地理空间特征时,观察者对空间的解读会随着视角的变化而发生变化。如图 1-1 所示,从街道分布、海拔、土地利用等不同角度进行分析会得到不同的结果。

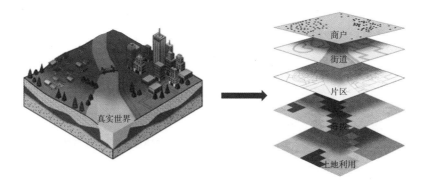

图 1-1　地理空间示意图

空间是地理学研究的主体,地理空间研究的主题见表 1-1 所示,包括空间特征、空间分布、空间相互作用、空间效应、空间行为、时空耦合等内容,运用地理空间可以帮助学生从地理视角看待世界。

表 1-1　地理空间研究的主题

研究主题	具体内容
空间特征	地理空间的宏观分异规律与微观变化特征
空间分布	地理事物在空间的分布形态、分布方式和分布格局
空间相互作用	地理事物在空间中相互作用、相互影响的特点
空间关系	地理事物在空间中所要表现的基本关系以及此种关系随距离的变化状况
空间效应	地理事物的空间效应特征
空间充填	地理事物的空间充填原理及规则
空间行为	地理事物的空间行为表现
空间再分配	地理空间对于物质、能量和信息的再分配问题
时空耦合	地理事物的空间特征与时间要素的耦合
空间选择	地理空间的优化及区位选择的经济价值

《普通高中地理课程标准(2017 年版 2020 年修订)》明确了空间思维在地理学科知识上的表现:地理学不仅研究地理事物的空间分布与空间结构,而且阐明地理事物的空间差异和空间联系,并致力于揭示地理事物的空间运动和空间变

化规律;空间思维在能力方面表现为区域综合分析与比较、空间辨别、空间想象、空间观点等地理能力。由此可以推断,空间是地理学研究的基础背景和载体,空间概念是地理事象的基本特征,地理空间思维是分析地理事象空间结构的基本方法,是四大核心素养的基本支撑和实现核心素养培育的基本途径,引导学生认识空间现象、提取空间信息、分析空间过程的根本方法就是地理空间思维。

（二）人类对地理空间的认识过程

几千年来,虽然人们一直在不断地绘制地图、使用地图,但是并没有意识到在制作、使用地图的过程中大脑是如何思维的,即人是如何利用地图去认识世界、发现问题、解决问题的。20世纪70年代,西方认知科学的研究者把地图作为认知过程的研究工具,由此地图学意义下的空间认知过程引起了地图学家和地理学家的注意,开始了地理空间认知的相关研究。

苏联地图学家别尔良提出地图阅读三个阶段的模型,即初读阶段、地图具象阶段（清晰化和具体化）、结束阶段（记忆及解释问题）。20世纪80年代,中国科学院高俊院士首先在国内开展地图空间认知研究,提出地图空间认知理论。2000年,王家耀在《理论地图学》一书中对地图空间认知理论的内涵、过程、意义给出了清晰的描述,这是对我国空间理论研究的系统总结和升华。

1. 地理空间概念的提出:基于地图学基础理论

1991年,高俊院士率先提出认知地图学的相关概念;2000年,王家耀探讨了基于地图的地理空间认知过程,认为地图空间认知过程包括感知过程、表象过程、记忆过程和思维过程。

2010年,王家耀总结后认为,多模式时空综合认知贯穿地理信息传输的全过程,其将成为地图制图学与地理信息工程学科的基础理论,地图、地理信息系统和虚拟地理环境成为多模式的认知手段,认知已经从地图认知发展到基于思维科学的多模式时空综合认知。

2. 地理空间概念的发展:基于地图学与心理学的融合

1982年,高俊院士指出,由于研究人的认识因素在制图中会产生作用,所以产生了跨界于制图学和心理学之间的认知制图或心象地图。心象地图是指人通过多重手段获取空间信息后,在头脑中形成的关于认知环境的"抽象代替物"。

心象地图形成的过程,就是环境信息加工的过程,也就是认知制图。

3. 地理空间概念的完善:基于地理信息系统的发展

1997 年,王家耀对地理空间认知系统和地理信息系统进行分析比较,认为两者的工作原理是相同的,都是信息加工系统,即输入信息、编码、存储记忆、做出决策、输出结果。地理信息系统能模拟地理环境信息留在人脑中的处理过程,为研究地理空间思维过程奠定基础。

4. 地理空间概念的展望:基于虚拟地理环境的数字化趋势

地理学家和地图学家从不同的视角研究地理虚拟环境,地图学家从可视化的角度研究地形环境仿真,地理学家则是从地理表达和地理实验的角度研究虚拟地理环境。2002 年,高俊院士将虚拟地理环境(地理虚拟空间)看作是"空间认知的新窗口",认为它是作为空间认知工具的地图,在数字化时代可以自然合理地延伸与扩展,是数字地图支持下的一种新的空间认知工具。

人类对地理空间认知的探索,对于地理研究工具具有重要的意义。2008 年,马耀峰提出不同空间信息表达方式对旅游者的空间特征、空间对象和空间格局认知的影响有明显的差异。2014 年,何光强认为作为世界地图基本空间框架的地图投影,可以通过变形为人们架起一座"认知的桥梁",从结构、中心方位、距离和面积四个方面提供空间认知的新视角。2015 年,马照亭认为"丝绸之路经济带"的地理空间认知是从概念空间、数据空间,到信息空间、知识空间,最后形成智慧空间的认知深化过程。

(三) 地理空间的属性

空间概念作为一种反映空间特有属性的思维形式,是建立在空间经验上的,是人们在长期的生活实践中抽象出特有空间属性概括而成的,推动人们从对空间的感性认识上升到理性认识。空间概念往往是指人脑对物体在空间内的存在形式产生的间接的、概括的反映,涉及形状、大小、远近、深度和方位等。

空间作为地理学的核心概念,使得地理学者总是关注于地理事象的地方属性——位置、区位、方向和距离,以及和这些属性有关的形态及发展变化。地理学者经常要思考以下四个问题:它在哪里? ——地理空间位置;它是什么样子的? ——地理空间形态;怎样将地理环境划分为不同等级,并据此认识地理事象？——地理空间尺度；各种地理事象在空间上有何联系？——空间距离现象及空间作用与空间过程。

本书参考国内外主流研究成果，结合国内高中地理课程体系、地理课标要求以及笔者团队多年的教学实践，从空间信息输入、处理和输出三个视角，抽象概括出地理空间的三大类六大属性。地理空间信息输入角度即地理空间感知：方位、距离、尺度；地理空间信息处理角度即地理空间表征：空间形态；地理空间信息输出角度即地理空间推理：空间作用和空间过程（见图 1-2 和表 1-2）。

1. 方位

方位主要指地理事物的绝对位置和相对位置（方向、邻接关系、所处部位），如上海所处的经纬度位置以及相对位置。

2. 距离

距离是指两个参考位置之间的距离差异或地理事象随空间距离增加而衰减的规律，如北京和上海的几何距离、某种文化在传播过程中表现出的距离衰减规律等。

3. 尺度

尺度广义上是指地理事象在空间和时间上的度量，即空间范围大小和时间间隔长短。狭义上指区域空间范围的大小（尺度关联——等级与层次）或在不同空间范围下同一地理事物呈现出不同特征（尺度转换——不同比例尺变化：空间、区域与地方），如地球—区域—地方、省域—县域—乡镇等不同等级的空间范围。某一城市在大尺度背景中一般以"点"来表示，分析其在整个区域中的地位；而在小尺度背景中一般用"面"表示，研究城市内部的空间结构。尺度被认为是地理研究中的"放大镜"和"显微镜"。

4. 空间形态

空间形态是指地理事物和现象在地球表面的范围、边界、排列、缓冲区（过渡）、格局（结构、分布）、大小（面积、密度、长度等）及组合状况，以及在水平和垂直方向上的分异。如平原聚落多为团块状且规模较大，河谷地带聚落多呈条带状且规模受限。分析地理事象空间形态、揭示空间分布规律，是地理教学的主要任务。

5. 空间作用

空间作用是指同一区域不同地理要素之间的相互关系与作用，或是一个区域对其他区域(包括遥远区域)产生的影响及影响波及的范围,即我们经常说的蝴蝶效应。例如,某一区域的气候、土壤、植被、地貌等要素之间相互影响,河流上游的环境变化会影响河流下游的水文特征。

6. 空间过程

空间过程既包括地理事象在空间区域上的变化,也包括其随时间发生的变化,如水循环过程、不同城市发展阶段城市空间结构的演变、气候与天气形成过程、地貌演化过程、海气系统作用过程、城市化(群)发展过程等。

图 1-2　地理空间概念的六大属性

表 1-2　地理空间六大属性

地理空间属性		定义	实例
地理空间感知	方位	主要指对地理事物的绝对位置和相对位置(方向、邻接关系、所处部位)	上海的地理位置; 上海与北京的方位关系
	距离	一是指两个参考位置之间的距离差异; 二是指地理事象随空间距离增加而衰减的规律	几何距离:北京和上海间的距离; 经济距离:城市土地利用同心圆结构
	尺度	一是指区域空间范围的大小与层级; 二是指不同空间范围下,同一地理事物呈现出不同特征	行政区划:省—县—乡; 大尺度范围下,某城市在区域中的地位;小尺度范围下,城市内部的空间结构

（续表）

地理空间属性		定义	实例
地理空间表征	空间形态	地理事物和现象在地球表面的排列、边界、缓冲区（过渡）、格局（结构、分布）、大小（面积、密度、长度等）及组合状况	平原地区聚落呈团块状；河谷地带聚落呈条带状
地理空间推理	空间作用	一是指同一区域不同地理要素间在空间上相互作用，同时发生；二是一个区域对其他区域（包括遥远区域）产生的影响及影响波及的范围	气候、土壤、植被、地貌等自然地理要素互相影响和相互作用；河流上中下游的关联性；厄尔尼诺现象对海气系统的影响
	空间过程	既包括地理事象在空间区域上的变化，也包括其随时间的演变，如演变更新、循环往复、移动、扩散、变性等	城市空间结构在不同发展阶段的变化特点；大气环流、地壳物质循环、水循环等

本书对地理空间概念的基本分类是从空间信息输入、处理和输出三个视角出发，立足学生学习视角，注重地理空间概念的层次性和层级间的"进阶"，可操作性强，便于教学使用。此外，分类中还特别关注到时间对地理空间的影响，在空间过程中把与空间思维相关的"时间思维概念""时空思维概念"纳入分类体系中。

二、地理空间思维

（一）思维的概念与分类

1. 思维的概念

思维从本质上来说，是指"人脑对客观事物的一般特性和规律性的一种概括的、间接的反映过程"。按照不同的分类依据，思维可被划分为不同类型。根据思维的逻辑性划分，可分为逻辑思维和非逻辑思维；根据思维的指向性划分，可分为聚合思维和发散思维；根据思维的创新性划分，可分为常规思维和创造性思维；根据思维的技巧划分，可分为归纳思维、演绎思维、批判思维、逆向思维等；根据思维的凭借物划分，可分为动作思维、具象思维和抽象思维。

2. 思维的分类

具身视域下，从地理空间思维角度，采用依据凭借物分类的标准，将思维分为动作思维、具象思维和抽象思维。

（1）动作思维

动作思维是指在思维过程中要以具体实际动作作为支柱而进行的思维，进行思维过程时需要一些实际动作的辅助，这是幼儿早期主要的思维形式。例如，3岁前的幼儿通常用掰手指进行数数，他们主要发展的就是直观动作思维。

（2）具象思维

具象思维是指在思维过程中借助于表象而进行的思维。它主要凭借事物的具体形象或表象（表象是客观对象不在主体面前呈现时，在观念中所保持的客观对象的形象和客体形象在观念中复现的过程）进行，而不是真正理解事物。具象思维是三至六岁幼儿思维的主要形式。例如，幼儿在计算1＋1＝2的过程中，需要在头脑里回忆一下昨天妈妈给了一个棒棒糖，后来又给了一个棒棒糖，最终获得了两个棒棒糖，他们需要借助具体的表象进行思维。

（3）抽象思维

抽象思维是指在思维过程中以概念、判断、推理的形式来反映事物的本质属性和内在规律。这一思维形式发展已经逐渐成熟，思维过程是凭借对事物本质的理解。例如，中学生在做题时运用概念、判断、推理等形式就是在运用抽象逻辑思维。

地理空间思维需要通过学习概念、判断、归纳、推理、类比等方式认识地理事物。根据思维的凭借物划分，地理空间思维属于抽象思维。

（二）地理空间思维的概念与分类

1. 地理空间思维的概念

地理空间思维是指通过感知、想象、联系、比较等方法理解地理空间概念，并加以逻辑运思和可视化表达，以解决地理问题的认知过程。地理空间思维是一种综合的、复杂的、立体性的思维方式。徐志梅认为地理空间思维能力主要由地理空间心理操作能力和空间逻辑操作能力构成，其中前者包括地理空间视角转换、维度变化、方向变化等九个方面，后者包括地理空间判断、归纳、演绎、类比、比较五个方面。蒋连飞则将地理空间思维划分为地理空间定位思维、地理空间转换思维、地理空间叠加思维、地理空间视觉思维、地理空间联系思维和地理空间综合思维六种类型。

通过参考已有研究,结合中学地理教学实践与本文对地理空间属性的理解,将地理空间思维划分为八大类型:空间定位思维、空间计算思维、空间转换思维、空间解构思维、空间建构思维、空间类比思维、空间关联思维和空间叠合思维(见表1-3)。

表1-3　八大地理空间思维

认知阶段	地理空间属性	地理空间思维	定义	实例
空间感知	方位距离	空间定位思维	在识别地理事物空间位置时,运用地图、示意图、心像图等方式,通过已知条件确定空间位置与方向的思维过程	说出上海的地理位置; 表述上海与北京的方位关系
		空间计算思维	基于地理事物的空间位置,评估距离差异的思维过程,进一步决策判断的思维过程	北京上海之间的距离; 根据距离市中心的远近,合理安排土地利用方式
		空间转换思维	从水平视角(平视)、垂直视角(俯视)、二维视角、三维视角等多视角观察和分析地理事物的思维过程	城市空间结构遥感图——俯视; 城市空间结构剖面图——平视; 近地面风压带——二维视角; 三圈环流——三维视角
空间表征	尺度形态	空间解构思维	对地理事象的空间属性进行解析与提炼的过程(从图到图或文)	概括城市空间结构(形态)特征
		空间建构思维	根据文字描述或图像,提取地理事象的空间属性,运用图示建立空间结构或空间模型的过程(从图文到图)	根据"半个月亮爬上来"画出相关月相或形成心像图
空间推理	作用过程	空间叠合思维	叠置同一区域不同地理要素图层,揭示地理事象空间分布的一致性	影响河流整治的地理空间要素叠加; 风带分布与洋流分布叠加
		空间关联思维	辨识邻近区域的地理事象的空间关系	寒暖流对沿岸气候的影响(相关); 河流上中下游三大空间之间的相关性(连通性)
		空间类比思维	比较同类地理事象在不同时空下的异同现象	据北半球风压带分布规律类比分析得出南半球的分布规律; 比较地球公转过程中二分二至日地球所处位置的差异

2. 地理空间思维的类型

（1）空间定位思维

空间定位思维是指在识别地理事物空间位置时，运用地图、示意图、心像图等方式，通过已知条件确定空间位置与方向的思维过程。如根据图 1-3 提供的经纬网地图，确定 A 点的经纬度位置是 110°E，40°N。根据 A 点与 B 点的经纬度位置，判断 A 点位于 B 点的西北方向。

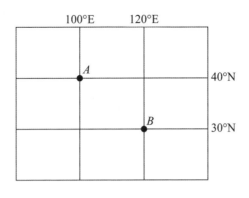

图 1-3　经纬网地图

（2）空间计算思维

空间计算思维是指基于地理事物的空间位置，评估距离差异，进一步决策判断的思维过程。如比较上海—北京和上海—苏州两者之间的距离远近，选择相对合适的交通方式。根据图 1-4 提供的相关信息，评估甲、乙、丙三地距离市中心的远近因素，为各个地块选择合理的土地利用方式，甲距离市中心最近、地价最高、人口最为密集、交通便利，适宜布局商业区。

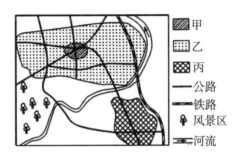

图 1-4　土地利用方式区位选择

（3）空间转换思维

空间转换思维是指从水平视角（平视）、垂直视角（俯视）、二维视角、三维视角等多视角观察和分析地理事物的思维过程。例如，根据某地区的等高线地形图判断该地地势起伏的变化趋势时，需要将垂直视角下的等高线地形图（见图1-5），转换为水平视角下的地形剖面图（见图1-6），从而总结出该地地势的变化特征。

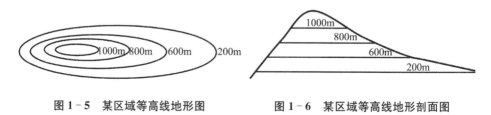

图1-5　某区域等高线地形图　　　　图1-6　某区域等高线地形剖面图

（4）空间解构思维

空间解构思维是指对地理事象的空间属性进行解析与提炼的过程（从图到图或文）。例如，图1-7中A图与B图呈现出聚落分布空间格局的差异性，根据地图提供的相关信息概括出A图聚落呈条带状分布，B图聚落呈团块状分布，这样的思维过程被定义为空间解构思维。

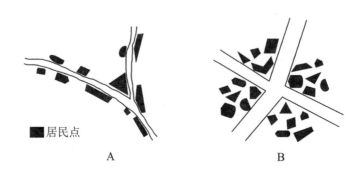

■居民点

A　　　　　　　　　　　　B

图1-7　聚落分布示意图

（5）空间建构思维

空间建构思维是指根据文字描述或图像提取地理事象的空间属性，运用图示建立空间结构或空间模型的过程（从图文到图）。空间建构思维与空间解构思维为互逆关系。例如，图1-8是某次野外4个观测点的分布图，图1-9是其中某个观测点的基本信息，要求根据文本信息确定该观测点的具体位置。根据提

供的文本信息可知,该观测点位于甲山的西南方向,将目标锁定在①和②之间;
又因为该观测点高程 120 m,所以该观测点是编号②所在位置。根据观测点的
文本信息确定观测点在地图上的位置的过程就是空间建构思维过程。

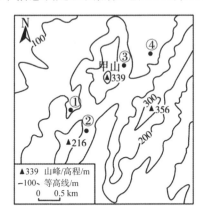

图 1-8　观测点分布图

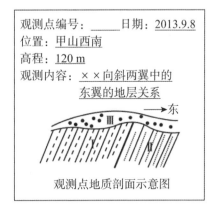

图 1-9　某一观测点基本信息图

（6）空间叠合思维

空间叠合思维是指叠置同一区域不同地理要素图层,揭示地理事象空间分布
的一致性的思维过程。例如,根据图 1-10 提供的三个图层信息,推测该城市中心
区所处的方位。城市中心区一般为商业区、交通主干线经过且地价较高的区域,根
据图 1-10 中的信息,叠合三个图层,可大致推断出城市中心区位于西南方。

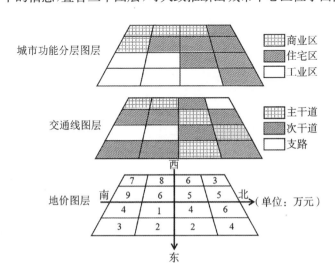

图 1-10　某城市功能分区和交通线路

（7）空间关联思维

空间关联思维是指辨识邻近区域的地理事象的空间关系的思维过程。如寒暖流对沿岸气候的影响是将洋流与气候相关联。分析某一城市空间结构的演变,是通过关联不同阶段城市空间结构的变化从而得到结论。例如,根据图1-11某区域山地垂直自然带谱南北坡的分布特点,可知同类自然带北坡上限高于南坡,通过关联坡向与温度的分布规律,可推测该山地位于南半球。

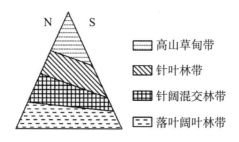

图 1-11 某区域山地垂直自然带谱

（8）空间类比思维

空间类比思维是比较同类地理事象在不同时空下的异同现象。例如,根据图1-12北半球气压带和风带分布规律形成的原因,通过类比分析,同时结合南、北半球地转偏向力的偏向差异,得出图1-13所示的南半球气压带和风带分布规律。

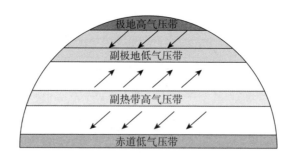

图 1-12 北半球气压带、风带示意图

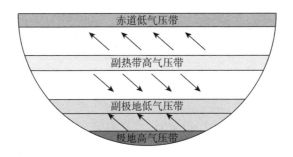

图1‑13 南半球气压带、风带示意图

3. 地理空间思维的相互关系

六大地理空间属性与八大地理空间思维之间的相互关系如图1‑14所示。空间感知阶段,主要运用空间定位思维、空间计算思维、空间转换思维认识地理事物的方位与距离这两个地理空间属性;空间表征过程,主要调用空间解构思维与空间建构思维解读地理事物的尺度与形态属性;空间推理过程,则需综合运用空间叠合思维、空间关联思维和空间类比思维分析地理事物的作用与过程。

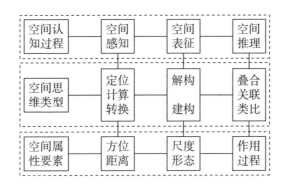

图1‑14 地理空间思维结构图

认识方位和距离要素,通过空间感知阶段的空间定位思维、空间计算思维与空间转换思维即可获得。而分析地理事物的尺度和形态要素时,则需要基于空间感知,进一步运用空间解构思维和空间建构思维获取信息。剖析地理事物的作用和过程要素时,则需要基于空间感知和空间表征,进一步进行空间推理,运用空间叠合思维、空间关联思维、空间类比思维展开分析。从空间感知到空间表征,再到空间推理阶段,对地理事物的空间认知不断深化和升华,前一阶段的空间认知是下一阶段的认知基础。

（1）空间感知阶段的地理空间思维及其相互关系

空间感知阶段主要运用到的地理空间思维是空间定位思维、空间计算思维与空间转换思维。空间定位思维是空间计算思维的基础。例如，从图 1-15 中的位置 1 开始，先向北走一个路口，然后依次右转走一个路口，向南转走四个路口，左转走一个路口，判断最终离 2、3、4、5 中哪个地点最近。这个过程需要通过确定起始点位置，结合空间定位思维，从而进行空间计算。

空间转换思维的过程需要基于空间定位思维和空间计算思维。如图 1-16 所示，确定某地等高线地形图的剖面图有一个从俯视到侧视的空间转换过程。这个过程中，首先要确定剖面线的位置，选择不同的剖面线会呈现出不同的地形起伏特点，如图 1-16 中选择 AB 线与 CD 线，得到的是不同的剖面形态。在确定剖面线位置的基础上，通过空间计算思维确定不同位置的相对高度，进而绘制出剖面图。

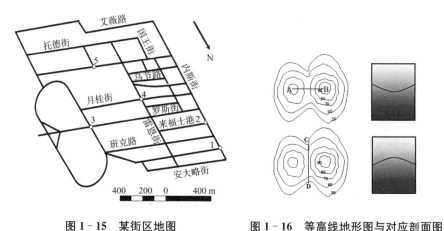

图 1-15 某街区地图　　　　图 1-16 等高线地形图与对应剖面图

（2）空间表征阶段的地理空间思维及其相互关系

空间表征阶段主要运用到的地理空间思维是空间解构思维与空间建构思维，两者为互逆关系。空间表征阶段的地理空间思维过程需基于空间感知阶段的地理空间思维。如图 1-17 所示，在乡村振兴计划中，某行政村拟修建的村史馆和培训中心分别位于该村西南部和东北部，该村东西宽 2 千米、南北长 1 千米,主干道从南向北穿过,河流自东向西流经该村,从甲乙丙丁四幅图中选择一幅最准确的示意图的过程就是一个空间建构思维的过程。在这个过程中,需要基于空间定位思维确定村史馆和培训中心在图示范围内的相对位置,排除乙和丁。同时结合空间计算思维,知该村东西宽 2 千米、南北长 1 千米,排除丙,最终选出最符合的甲图。

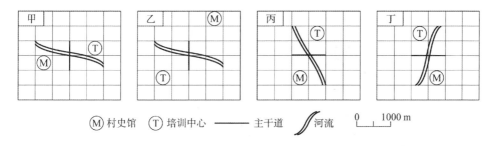

图 1-17 某行政村村史馆与培训中心规划示意图

空间解构思维的过程也需要基于空间感知。如图 1-18 所示,要得出“美国马萨诸塞州洛厄尔地区纺织厂分布的特点为聚集在东中部的水道附近”这一结论,需要通过空间定位思维判断水道和纺织厂的相对位置关系,同时评估纺织厂与水道的距离关系,进而总结出上述分布特点。

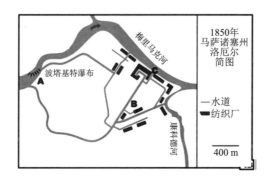

图 1-18 1850 年美国马萨诸塞州洛厄尔地图简图

（3）空间推理阶段的地理空间思维及其相互关系

空间推理阶段主要运用到的地理空间思维是空间叠合思维、空间关联思维与空间类比思维。本阶段运用的地理空间思维需基于空间感知和空间表征。如某区域需要为洪水管理设施选址,可以运用空间类比思维借鉴其他地区洪水管理设施选址的经验,结合本区域与洪水管理设施建设相关的土地利用类型、地形条件、输电线路等相关信息,通过研究确定适合建设洪水管理设施的地点须满足以下条件:(1)距离现有输电线 18 米范围内;(2)位于海拔 67 米以下;(3)位于州立公园或公共用地。这个过程运用到的是空间关联思维,在空间关联思维的指导下,进一步分析土地利用类型、地形条件、输电线路的情况,进行空间叠合,筛选出同时符合这几个条件的地点(见图 1-19),运用空间叠合思维完成选址。

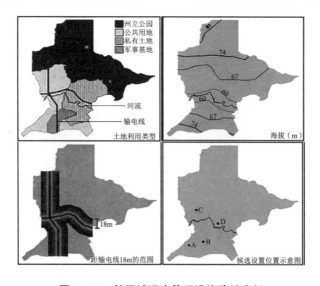

图 1-19 某区域洪水管理设施选址分析

在进行空间叠合之前,则需要准备各个条件的相关信息。如运用空间定位思维确定候选位置、输电线路、河流的相对位置关系,结合空间计算思维筛除位于现有输电线 18 米范围之外的候选点,运用空间解构思维分析土地利用类型的空间分布特点并筛除不位于公共用地的候选点,等等。在实际问题的应用过程中,空间类比思维是一种知识或方法的迁移,往往给空间关联思维提供思路,而空间关联思维往往是空间叠合思维的理论依据。

(三)地理空间素养与地理核心素养

空间是地理学研究的基础和载体,空间概念是地理事象的基本特征。地理空间素养是指个人在认知空间信息(如地理位置、空间形态、空间分布、空间演变)时,运用地理空间思维认识地理事物、解决地理空间问题的综合素养。地理空间素养是实现地理学科四大核心素养（人地协调观、综合思维、区域认知和地理实践力）培养目标的基本支撑，是实现核心素养培育的基本途径。

在《普通高中地理课程标准（2017 年版 2020 年修订）》中，明确了地理学科核心素养是学科育人价值的集中体现，是学生通过学科学习而逐步形成的正确的价值观念、必备品格和关键能力，它由区域认知、综合思维、地理实践力、人地协调组成。四大素养是相互联系的有机整体。在四大核心素养中，区域认知聚焦区域内部各要素相互联系、相互影响，形成一个统一整体，不同区域在空间位置、外部形态、内部联系和结构特征中表现出明显差异。综合思维要求分析地理问题时要将自然、人文和社会要素相互联系、相互影响。在地理实践力、人地协调观培养的过程中，地理空间思维也可以提供方法和策略的指导。因此，地理空间思维是四大核心素养的基本支撑，培养学生的地理空间思维是实现核心素养培育的基本途径。

1. 地理空间素养与区域认知

区域认知是指人们运用"空间—区域"的观点和方法认识地理环境的思维品质和能力。它的目标是培养学生形成从"空间—区域"视角认识地理事物和现象的意识，使其对地理事物和现象的空间格局有较强的观察力，并能够运用区域综合分析、区域比较、区域关联等方法认识区域，简要评价区域现状和发展。

在中学地理教学中，区域认知的内涵非常丰富，与地理空间素养关系密切。例如，它所包括的内容有区域位置和分布、区域特征、区域差异、区域联系、区域发展等主干知识，其中区域位置离不开空间定位思维和空间计算思维，区域特征和区域联系离不开空间比较思维。区域认知的培养目标中还包括要培养学生的区划意识、认识区划的本身、评价区域开发三个维度。这些都需要学生具备良好的地理空间素养，如按照一定的标准划分区域进行研究和对比离不开空间解构思维和空间叠合思维。在区域认知中，很重要的任务是培养学生的区域研究方法，包括区域定位、区域特征概括、区域综合分析、区域比较、区域联系分析、区域问题评价等，空间转换思维、空间类比思维和空间建构思维都是进行区域研究的基础。因此，地理空间素养是培养学生区域认知的基本内容。

2. 地理空间素养与综合思维

综合思维是指人们全面、系统、动态地认识地理事物和现象的思维品质与能力。由于人类生存的地理环境是一个综合体,在不同时空组合条件下,自然和人文要素相互作用,综合决定着地理环境的形成和发展。综合思维素养的形成有助于从整体性的角度出发分析和认识地理环境,以及它与人类活动的关系。

地理空间素养是综合思维的重要组成部分,综合思维包括自然地理要素间的综合、地方的综合和时空综合。例如,在要素综合中,对地理环境整体性的认识和自然环境与人类活动的综合,首先需要对地理空间有充分的感知,从中通过表征与推理,综合各地理要素的信息,对地理环境形成整体认知。在地方综合时,可以通过空间叠合、关联、类比,对一个区域的整体性特征进行综合概括,辨识与分析出区域内的差异,或进行区域间差异的比较和区域间联系的分析,实现地方综合。时空综合更是直接将时间和地理空间耦合在一起,在一定程度上解释区域发展演变与区域要素随时间变化在空间上的发生、发展和演化的过程,从而比较全面地观察、分析和认识不同地方或区域的地理环境特点。

3. 地理空间素养与人地协调观

人地协调观是指人们对人类与地理环境之间关系秉承的正确价值观,是人们在地理学习的过程中对人类与地理环境关系之间的正确认识、理解和判断,是对协调好人类活动与地理环境关系的必要性和可能性的根本看法与认识观点。它是现代公民必备的核心素养,是地理学科核心素养的灵魂和核心,也是地理教育的终极意义和目的。

人地协调观作为地理学科的基本价值观念,在培养的过程中,首先需要基于地理学科的区域性和综合性特点,从综合或系统、空间、区域的视角入手,通过空间觉察、空间认知判断、空间分析与表达,让学生认识到"地"对"人"的影响,也就是自然环境的差异奠定了人类活动的空间基础;而"人"对"地",必须基于环境特征、顺应环境变化,努力做到因地制宜,顺应自然规律,从而实现"人地和谐",建构起正确的自然观、资源观、灾害观、人口观、环境观和发展观。因此,地理空间素养是人地协调观培养的基础。

4. 地理空间素养与地理实践力

地理实践力是指人们在地理户外考察、社会调查、模拟实验等地理实践活动中所具备的行动能力和品质。学生具备地理实践力，就能够运用适当的地理工具完成既定的实践活动，会对地理探究活动充满兴趣与激情，并会用地理眼光认识和欣赏地理环境。地理实践力是中学地理学习的关键能力和根本目的。

社会调查、野外考察和地理实验是培养地理实践力的重要途径，这三类活动的组织都离不开地理空间素养。例如，在野外考察中，要求学生具备扎实而全面的空间技能和学科方法，能够借助地图、图表、地理信息技术等，提取和获取地理信息，掌握空间定位的方法，熟练地在地图上进行空间格局的觉察概括，对地理过程进行分析预测，对地理联系进行综合分析说明，设计考察线路、开展野外考察、撰写考察报告。在社会调查中，需要学生具备空间类比和关联思维，对问题进行深层次的分析和判断。在地理实验中，需要学生具备一定的空间计算能力和空间转换能力，将模拟的现象与真实的地理实践耦合起来，形成正确的地理认知。

第三节　具身认知理论对地理空间思维教学的启示

一、具身认知理论与地理空间认知

地理空间是地理事象的最基本特征之一。地理空间是物质、能量、信息的数量及行为在地理范畴中的广延性存在形式，特指地理事物的位置、形态、距离、尺度、关系、变化等分布方式和分布格局图景。地理空间是地理学科的特色，地理空间思维通过有针对性的培养和训练是可以提升的。首先，要了解学生的最近发展区，了解学生已有的具身经验和缺失的具身感知，合理增加学生对地理空间的具身感知，帮助学生感知地理现象的发生、发展过程。其次，在学生对地理空间的具身感知、具身经验足够丰富之时，进一步加强三维空间与二维空间的联系和相互转化，以及时空转化。再次，根据镜像神经元理论，学会利用具身经验结合实际区域空间和图表材料综合分析,深度学习,加强抽象思维,从而促进空间思维水平的提升,由空间感知思维上升为抽象的空间推理思维。

随着具身认知理论的发展,它逐步渗透在教育教学研究中,地理学科的空间性和实践性特点,决定了具身认知理论在地理教学中的价值。近年来,具身认知与地理教学相关的研究越来越多。

"空间"存在于每个人成长、生活、学习的时时刻刻,在成长过程中"我"身处的空间在跟随我的成长而变化,"我"的认知空间从我的家、我的学校、我的生活环境不断扩展,再扩大到中国、世界和宇宙空间,空间无处不在。如果我们生活在山区,经常能看到生活环境中的山地、河流、树木、草地、农田、果树、房屋建筑等,对这些地理事物有很强的感知,能感知各种地理事物的空间位置、形状、相互位置与相互关系,形成"山区"这一概念的地理认知原型。当我们看到平原,看到与自己生活的山区截然不同的空间时,自然会与家乡的山区进行对比,感知平原与山区的差异。建立认知原型,使我们对相关地理事物的学习更容易,身体感知的现实空间越多,大脑就会建立更多的认知原型,提升我们对不同空间的认知水平。可见,具身认知理论与地理空间思维关系密切。

（一）不同感官的空间感知

视觉、听觉、嗅觉、触觉以及体感等多感官通道对空间的感知。

1. 视觉空间感知

视觉空间感知主要指通过我们的视觉系统,感知外部世界空间的大小、距离、高低、形状等,是对空间认知的主要感官通道。

2. 听觉空间感知

听觉空间感知主要是指听觉系统通过声音对空间位置和空间距离的判断。听声音的远近判断空间的大小,听声音的高低变化判断空间距离的变化。海边的涛声,林中的树叶随风飘动的声音,沙漠中风沙的声音,山涧小溪的潺潺流水声,春雨的淅淅沥沥,暴雨的铺天盖地,这些不同的声音代表不同的区域,代表不同的季节,是人们对自然现象的听觉具身感知。

3. 触觉空间感知

触觉空间感知主要指人的皮肤、手指以及体感等不同部位对接触到的外部环境产生的感觉。触觉往往是在实验和实物演示过程中发生的,如模型的操作、实验的操作,手的动作会通过肢体感觉通道传递至大脑皮层,会使我们对动手操作过程留下深刻印象。例如,对地球自转运动与公转运动的认识,当学生动手操作地球仪时,会思考:如何拨动地球仪,是顺时针还是逆时针? 在北极上空或南极上空俯瞰地球仪,地球的自转又是怎样的? 这样的触觉感知会影响大脑的思维,并留下深刻印象。在以后的学习中遇到相似的问题时,有的学生会以笔、手或别的物品代替地球仪进行转动,体验地球自转的空间感知。

4. 多种感官对空间的综合感知

身体各个器官对空间的感知往往是相互协同的。例如,对风的感知,通过视觉可以看到树枝、树叶被风吹动,看摇摆的方向可以确定风向;通过听觉可以听到风声的大小、树叶的响声,可以判断风力的大小;通过体感的冷暖知觉,可以判断是来自北方寒冷的西北风还是来自南方温暖的东南风。在真实空间中,我们的身体可以感知风向、风力和风的性质。

例如,在地球公转运动的学习过程中,学生动手操作地球仪模拟演示地球公转运动,在活动中调用肢体的动作,观察运动的过程,思考演示的结果,使身体、大脑和环境形成一体,实现对大尺度宇宙空间的感知。手拿地球仪时,要思考如何转动才能正确反映地球的公转运动,此时眼睛、手臂、身体等都需要活动,活动过程中身体多个器官参与学习,根据不同的活动,各个器官的感知强弱会有差异。同时,具身认知活动中的情绪、态度以及合作同伴都会影响活动效果。因此,具身认知过程是一种综合感知,身体各器官通过感觉通道参与认知,获得对地球公转运动三维的、立体的、直观的感性认识(见图1-20)。

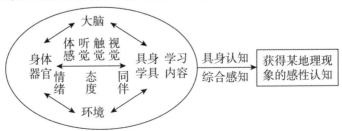

图1-20　身体学习的具身认知

再如,在学校天文兴趣小组活动中,学生学习动手安装天文望远镜的操作过程,认识其工作原理,了解望远镜在室外空间摆放的方位要求,调节望远镜的平衡,学习使用方法,操作望远镜正常运行,整个过程是身体各个器官"动"起来,与大脑协同完成任务,是身体积极参与学习的具身认知过程。活动中遇到问题可能会产生疑虑,或者成功会带来喜悦,也会有合作氛围带来的情绪变化,这种活动过程是多感官的综合感知,是一种深度学习的具身体验。

(二) 身体对空间属性的感知

1. 身体对空间方位的感知

空间定位是空间认知的第一步,在自然环境中主动进行空间方位的辨认,有助于空间方位感的提升。例如,根据身体方位判断空间方位,当我们面朝正北方向站立时,根据东南西北的方位知识,可以判定面朝北则背朝南,左手为西,右手为东。

2. 身体对空间尺度的感知

视觉、听觉、身体移动距离都可以感知空间大小。空间大小因熟悉程度而有不同的感知,例如,我们生活的家乡因熟悉可能会感觉空间小,而陌生的大城市因生疏可能会感觉空间大。宇宙是大尺度空间,除自然观察外,还可以通过模拟感知宇宙空间的方位,采取实物模型、动态模拟、示意图等具身模拟方式,观察"缩小的宇宙",形成对天体系统等大尺度空间的认知。

3. 身体对空间距离的感知

视觉与身体的移动会产生对空间距离的感知。在生活中,步行或使用自行车、小汽车、火车、飞机、火箭等不同交通工具代表不同的距离,几分钟、几小时、几天则代表距离随时间长度而变化。在地理教学中,研学旅行实践活动是典型的身体对空间距离的体验,是建立在对真实距离的具身感知基础上。根据镜像神经元现象,也可以在地图上通过比例尺、经纬度来判断和感知空间距离的远近。

4. 身体对空间形态的感知

研学旅行或野外考察时,人置身于大自然中,可以直接观察不同地貌形态,如黄土地貌的沟壑纵横、喀斯特地貌的峰林和溶洞等。由于受到多种因素的限制,我们不可能置身于各种空间,不可能在现实情境中具身体验所有的地形地貌景观,因此可以通过视频、图片、VR技术等模拟具身环境,实现身临其境,获得身体对空间形态的感知。再如,对气旋与反气旋的形态感知,可利用气象云图、动态模拟、示意图等,营造模拟具身环境来获取对抽象的地理现象的空间形态感知。

（三）具身认知理论与空间思维培育

具身认知理论具有涉身性、身体的体验性、身体与环境的互动性、活动的情境性、情感的体验性等特征。例如,在学习地球公转运动中太阳直射点的移动规律时,教师营造了实物演示的具身环境,开展地球公转运动演示的学生活动。如图 1-21 所示,学生在演示活动中,利用地球仪和表示太阳光的十字架进行公转演示,观察太阳直射点的移动,通过小组合作交流,纠正演示过程中可能出现的操作错误与问题,再将观察结果在二维平面图上绘制出来,使三维空间转换为二维空间。多感官的参与体验,使学生的认知由具身感知上升到抽象思维,降低了学习难度,提升了空间转换能力。

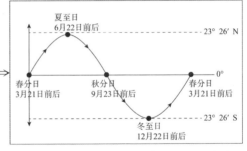

具身感知——地球公转模拟演示　　　抽象思维形成——太阳直射点的季节移动

图 1-21　地球公转运动的具身认知过程

地理空间思维的建构主要体现在三个过程:第一,获得具身感知,建构对地理空间现象的感性认识;第二,进行空间转换,使感性认识上升为理性认识,形成抽象思维,建构地理空间现象的抽象概念;第三,实践空间能力,利用地理原理分析实际问题,灵活转换三维与二维空间,灵活沟通具体与抽象,建构地理空间思维能力。

二、具身认知理论与地理空间思维教学

地理空间思维教学中的具身认知,即教学中提供学生参与实践感知活动的空间与工具,在活动中身体多感官体验、感知、互动与合作,增加身体感知,体验情感交流,培养形象思维,为抽象思维的形成奠定基础。具身感知是对地理现象

的深度感性认知,对地理现象的深入理解和进一步学习有帮助。地理学习过程中会遇到很多抽象概念,如果是学生没有经历过、感受过、看到过的地理现象,他们可能就会对文字描述的抽象概念的理解存在困难。因此,需要教师提供学生具身感知的空间或情境。根据具体情况,有些具身感知可以通过真实情境或实物感知,如月相观测、星空观测、太阳高度观测、地形观测等;而有些空间感知,教师只能提供虚拟的、模拟的情境,即模拟具身,如板块运动、大气运动、洋流、水循环等。随着信息技术的提升,如谷歌地球提供的实景地图是真实情境的再现,使人感觉就在当地——在地感,AR、VR 等技术展示的 3D 情景使人感觉就在现场——在场感,营造了超强的想象具身环境。地理信息技术为地理空间思维教学提供了丰富的地理要素数据资料、地理要素的空间分布资料、地理要素的空间叠加资料,为高阶地理空间思维搭建了良好的平台。

(一)具身场域与地理空间思维

人的每一个行动均被行动发生的场域所影响,而场域并非单指物理环境,也包括其中他人的行为以及与此相连的许多因素。场域要素具有广泛性、相互性和动态性。

具身场域是指具身认知空间的物理环境和人的行为及其与之相关的诸多要素。在地理教学过程中,教师根据学情营造实感、实境、虚拟环境等各种具身认知的场域,学生在具身场域中产生认知行为。具身场域包括身体要素、环境要素、活动要素,且各个要素是交互的。身体要素包括认知者本人、他人(合作者)、身体器官感觉、知觉、情感等;环境要素指学习者所在的空间环境、其间的实物(活动用的设备、学具、材料)等;活动要素包括认知活动的形式、过程、组合、效果等。认知过程中身体、环境、活动各要素有机融合,具有相互性和动态性。(见表 1 - 4)

表 1 - 4　具身场域组成要素

具身场域组成要素		
环境要素	身体要素	活动要素
室外或室内活动空间,空间布置、氛围、实物、教具、材料	个体学生及行为感知系统 学生互动,合作交流系统 师生互动,情感交流系统	活动形式 活动过程 活动效果

杜威认为,情境能引发学生的思维,思维就是发展中的学生经验。对于地理空间思维的培养,教师要善于创设具身情境,构建学生认知发生的具身空间。通过具身场域的营造,提供学生身体感知的空间,为抽象思维的形成创造条件。具身场域包括实感具身场域、实境具身场域与虚拟具身场域三种类型。

1. 实感具身场域

实感具身即优化筛选后的真实环境,通过具身工具、活动设计等,体验地理现象的具身认知过程,包括室外实感具身与室内实感具身。

(1) 室外实感具身

学生在室外真实情境中感知地理空间,提升地理空间思维的具身认知过程。学生生活空间的局限性,以及对自然环境的关注度不够,使学生感受到的地理事物也有局限性,对很多自然现象都缺乏感性认识,从而影响学生的空间思维。如何提升学生的地理空间思维? 从人们自身对空间认知的经验看,实践感知非常重要,爬过山、看见过山,对山谷和山脊的知识就会很容易理解。成年人对太阳高度与影子长短的经验更多,很容易理解,而学生对这些现象如果关注很少,缺乏经验,对于正午太阳高度的学习就会存在困难。美国的心理学和脑科学专家西恩·贝洛克在研究中也发现,我们身体的经历会对大脑的理解造成决定性影响。培根曾说过,人类思维与认知的自然途径是从感性认识到理性认识,若缺乏经验则任何东西都不能被充分认识。因此,在教学中教师有必要营造具身场域,让学生体验自然现象,使学生的身体以及身体的不同器官接收到不同的信息,通过身体的空间定位与变化更好地感受地理现象,从而激发大脑,使思维与身体活动联系起来。

(2) 室内实感具身

室内实感具身,即学生在室内真实情境中感知地理空间现象,提升地理空间思维的过程与活动。例如,根据教室环境中的门窗进行方位辨认,根据房屋内的太阳光线入射角推理太阳高度的季节变化、日变化等。

在学生具身空间的认知活动中,学生的身体、四肢、视觉、听觉、大脑都处于活动状态。同时,活动设计往往是小组活动,这种合作性的活动使学生交流合作的机会增加,对学生学习情绪的调动也有帮助。据心理学研究,具身认知有利于学生的理解、记忆与创造性思维，有利于改善情绪、培养合作意识。

2. 实境具身场域

实境具身场域，即模拟真实情境的具身工具与活动设计，学生在实境具身场域中体验地理现象的具身认知活动过程。

地理空间思维教学中，有些知识无法在真实的空间进行教学，可通过模拟真实空间来实现具身感知，利用学生已有的地理认知原型或已有的具身经验，感知地理现象。科学家在猴子和人类的大脑中，均发现存在镜像神经元，不论是自己做出动作，还是看到别人做出同样的动作，镜像神经元都会被激活，这就是我们理解他人行为的基础。镜像神经元的发现为解释模拟过程提供了神经生理基础，因此，以原有的身体体验认知为原型的模拟场景也是具身的，即具身模拟。

在地理教学中的实境具身包括实物操作演示、实验操作演示，学生在具身模拟演示活动中所利用的相关工具、场地以及活动方式，即具身工具。具身工具的形式多样，是教师根据需要进行的原创设计，其中有些是教师根据需要进行重新组合，而有些则是借助理化实验迁移整合形成。开发具身工具是为了演示地理现象，使一些地理现象可视化，加强学生的理解，化解教学难点，提升学生对地理现象的体验与感知。

（1）实物操作模拟演示

实物操作模拟演示是指利用实物演示地理现象，例如在天象厅中体验四季星空的变化规律；或者是学生动手操作实物演示地理现象，例如利用地球仪演示地球的自转、公转运动，在表示地球仪的实物球体表面建立三圈环流立体空间模型等。

（2）实验操作模拟演示

实验操作模拟演示是指借助实验理解抽象的地理现象及原理，使抽象的地理空间知识可视化。例如：学生动手操作密度分离实验，理解地球的圈层结构；通过造风实验的过程，感知大气受热上升的垂直运动。同样的原理可以用不同的实验设计。又如，大气受热上升运动模拟实验，通过烧杯中热水的水汽上升，在盖口塑料薄膜上凝结成水滴，理解热力环流中大气受热膨胀产生上升运动，高空遇冷凝结形成阴雨天气。建立在对热力环流原理空间结构理解的基础上，通过空间关联思维,进一步对行星风系、海陆风、山谷风、城市风、季风环流等现象进行探索,从不同的时空尺度认识热力环流,达到不同情境的空间转换(过程如图1-22所示),从而建构出学生对热力环流的深入理解,有利于学生空间思维的培养。

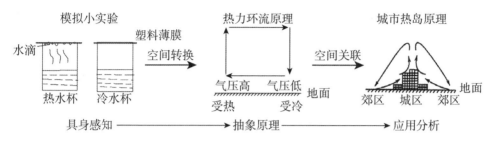

图1-22　模拟实验与空间思维培养过程

3. 虚拟具身场域

虚拟具身场域即利用计算机、网络、信息技术等模拟真实情境的软件、系统、平台等,学生在虚拟的具身环境中体验地理现象、感知地理空间的具身认知活动。

随着信息技术的发展,可用于地理空间教学的平台越来越多,如传统多媒体技术、AR等体感技术、地理信息技术可以为地理空间教学提供二维、3D、动态等多种空间效果,为地理教学的空间思维提供更加丰富的资源。

AR、VR、MR技术分别是增强现实(Augmented Reality,简称AR)技术、虚拟现实(Virtual Reality,简称VR)技术和混合现实(Mixed Reality,简称MR)技术,这些都是将虚拟环境与真实环境相结合的体感技术。虚拟环境是由计算机生成的、实时动态的三维立体逼真图像,当佩戴VR眼镜或头盔后营造出"在场感"效果,为使用者提供关于视觉、听觉、触觉等感官的模拟,让使用者如同身临其境一般观察三维空间内的事物。特别是对于学生缺乏空间感知的地理空间或宇宙空间等,可以通过VR的虚拟空间实现虚拟的具身体验,增强地理空间感知。

地理信息技术主要包括遥感技术(RS)、全球卫星定位技术(GNSS)和地理信息系统(GIS),通常并称为"3S"技术。其中,GIS具有强大的地理信息空间分析功能。GIS即地理信息系统(Geographic Information System),是以地理空间数据库为基础,在计算机软硬件的支持下,运用系统工程和信息科学的理论,科学管理和综合分析具有空间内涵的地理数据,以提供管理、决策等所需信息的技术系统。GIS辅助教学,可以通过图层叠加进行多要素分析,提升学生的空间分析能力,特别是在区域地理学习中具有优势,通过区域地理位置、区域自然地理要素、人文地理要素的资料叠加,进行区域综合分析,对学生的空间关联思维和空间推理思维的提升有帮助,同时也有利于地理综合思维、区域认知等核心素养的培养。

(二) 具身视域与地理空间思维

视域,通常指一个人的视力范围,是一种与主体有关的能力。具身视域在本书中主要是指以具身的视角或观点,探索地理空间思维的培养。

如图1-23所示,地理空间思维培养过程的第一步是获得空间感知,即对于空间性较强又缺乏亲身体验的地理现象,教师要在教学中营造可视化的具身认知环境,促进学生想象力的形成。第二步是引导学生把具身感知中获得的体验与相关图像系统建立联系,将感性的体验转化为可视化的图像,由真实情景、模拟场景、虚拟场景转为图像系统,借助不同图像,如地理现象的景观图、分布图、示意图等表征地理空间现象,观察地理事物的位置、形态、距离、尺度、关系、变化等分布方式和分布格局,促使空间思维由形象思维上升为抽象思维。第三步,利用地理图像系统建构"空间思维教学设计认知图式",引入多种空间思维方法,引导学生能够表征地理事象、推理地理事象的生成发展,从而使学生能够建构"学生空间思维认知图式",最终在解决地理问题的学习过程中发展地理空间思维。

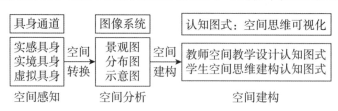

图1-23 地理空间思维培养过程

由此可见,"图像"的认知是由感性认知到抽象认知的桥梁之一,是具身工具的组成部分。在地理空间思维的教学中,图像系统与认知图式是地理空间思维的重要载体,各种各样的"图"被广泛应用,用图学习、用图思考、思维图式化。

1. 图像系统

地图是地理空间要素的记录,是真实空间的可视化、平面化、抽象化,借助图像系统进行空间思维,是想象具身的一种,是具身体验的再现。利用图像系统进行地理学习,提升地理空间思维,是基于具身经验的认知。"具身的观点把意义建立在身体经验的基础上。人类的概念形成、语言表达、认知判断都基于身体的运动图式。"[①]地图是由三维的具身性空间学习走向二维的图像系统,体现了从形象思维向抽象思维的转化。

图像系统是根据地理事物的具体形象,经过抽象思维加工而生成的认知模型,是从具体到抽象的过程,同时也是建立在具身感知的基础之上,通过图像可以联想到与之相关的具身情景。例如,看到等高线地形图学生能够想象出该图表示的地形实景是怎样的,看到气旋示意图头脑中可以再现台风的气流运动形式,使二维空间与三维空间可以相互转换,学生空间思维的发展实现具身感知—空间转换—地图认知—具身想象,呈现螺旋式上升,将地图承载的知识转化为学生的心象图。而心象图的建构,首先是读取空间信息,对区域进行空间定位,明确地理事物的空间分布,对地理现象进行空间分析,表征和推理地理现象的发生、发展过程及其因果关系,这些也是地理空间思维的培养过程。

地理学习中的图像系统包括景观图、分布图、示意图、统计图等多种形式,起到的作用也各不相同。

2. 认知图式

认知图式是皮亚杰提出的关于认知发展的概念,他认为发展是个体与环境不断相互作用的过程,认知图式是指人们在特定情境中产生的认知结构。

地理空间思维教学中的认知图式包括教师教学的认知图式与学生学习的认知图式,是知识体系和空间思维的结构化与可视化,掌握结构化的知识和思维体系有助于促进教师的空间思维教学,也有利于提升学生空间思维的发展。

---

① 叶浩生.具身认知的原理与应用[M].北京:商务印书馆,2017.

（1）教学认知图式

教师的教学认知图式包括空间知识认知图式与教学设计认知图式，是教师在精心备课、教学、反思的过程中提炼出来的，并以结构图的形式将空间思维教学设计可视化，主要包括一节课中的地理知识结构体系、空间思维属性与空间思维培养。

首先，在备课时要完成相关知识的空间思维解析，形成空间知识认知图式。例如，图 1-24 是"地球公转运动"空间认知图式，使地球公转运动的知识点与空间思维建立联系，明确不同的知识蕴含着不同的空间思维培养价值。

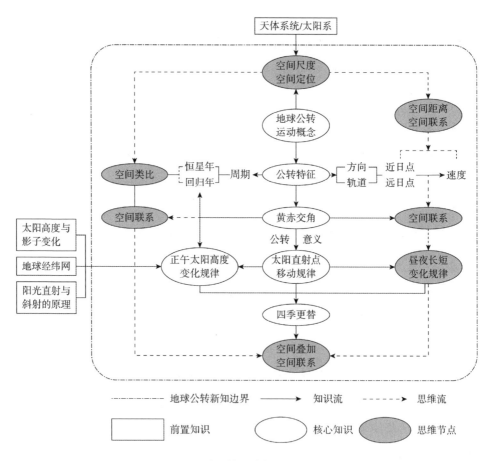

图 1-24　"地球公转运动"空间知识认知图式

其次，在备课过程中，还要根据空间思维教学目标完成教学设计认知图式。例如，图 1-25 是"地球公转运动"的教学设计认知图式，通过外显的情境设计与教学流程的一步步推进,开展内隐的空间思维活动,从而落实空间思维的培养,提升地理空间思维的教学水平。

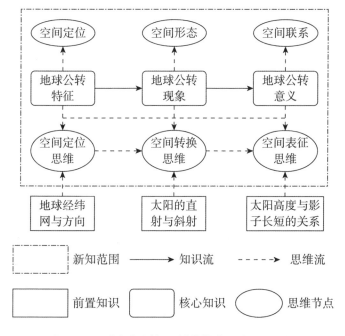

图 1 – 25 "地球公转运动"的教学设计认知图式

认知图式的作用一方面是对知识体系进行梳理,使教师对所教内容的结构化和层次性更加清晰;另一方面也包含地理知识中的空间思维教学方法,是将知识、思维、方法相结合,形成空间思维培养可视化的过程。它是教师在首次教学备课、上课、反思后总结出来的,图中包含核心知识流程与思维流程,以及相关的空间属性与空间思维培养价值,为教师的后期空间思维教学设计提供了参考。

(2)学生认知图式

学生认知图式是由学生建构完成的,从一个专题学习的开始到结束,学生逐渐形成相对完整的知识体系与空间思维方式,由具身感知到形成抽象思维。

学生根据一个专题中所学地理知识进行整理,使用地理空间知识解析示意图,形成图文结合的专题认知图式。例如,图 1 – 26 是"地球公转运动"学生认知图式,它是学生将在具身情境中感知、学习获得的空间知识逐步纳入自己的认知结构中,所形成的个体的认知图式,是学生个体空间思维认知结构化的概括。学生通过多种具身环境获得空间感知,并能将平面图与真实情境结合起来,形成正确的心理认知图式。借助地图进行地理空间思维,用图分析近日点与远日点的速度差异,用图分析太阳直射点的移动规律,用图分析正午太阳高度的纬度分布规律与季节分布规律等。学生在学习中要善于总结,可以尝试绘制思维导图、知识结构图等,这有益于空间知识结构和空间思维结构的进一步系统化。

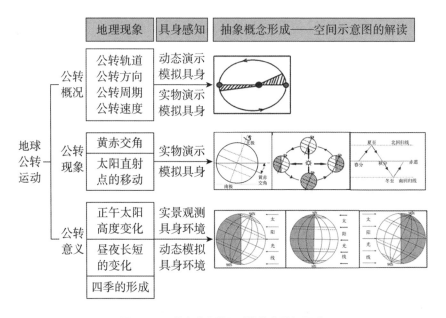

图1-26 "地球公转运动"学生认知图式

　　地理教学过程中的具身认知,为地理空间思维的培养提供了方法、策略,有利于空间思维教学的深入开展,也有利于学生空间思维的深度发展。

▶ 第二章

中学阶段地理空间教学的
主要内容与目标解读

空间是地理学科的本质特征,空间思维是地理学科的思维特色。从传统地理学来看,地球环境的自然现象与人文现象的空间分布、空间差异与空间结构是地理学的研究领域。而现代地理学不仅仅是探索自然现象的分布,而且要探究地理事物空间格局与空间过程之间的关系,探究人类活动与自然要素的空间联系和相互作用,关注不同尺度的空间区域,预测自然环境的发展变化趋势,探究人类活动与地理环境的可持续发展关系。随着科技的发展,地理学的研究技术与方法不断突破,结合定性与定量研究,为地理空间思维培养提供了更多、更广的平台。例如,以全球卫星导航系统(GNSS)、遥感技术(RS)、地理信息系统(GIS)为主的"3S"技术应用于地理学的多个领域。

空间思维是中学生成长过程中必备的思维能力之一。"空间"存在于每个人成长、生活、学习的时时刻刻,在成长过程中"我"身处的空间在跟随我的成长而变化,"我"的认知空间从我的家、我的学校、我的城市不断扩展,再到中国、世界和宇宙空间,空间无处不在。空间思维是现代人生存、发展的重要能力之一,在多元智能理论中,霍华德·加纳德认为空间智能是人的八种智能之一,良好的空间判断、空间推理等空间思维能力有助于人的综合发展,能提升人的生存能力与生活质量。而人的空间思维是可以通过后天的教育而改善、提高的。基于地理学科的特色和地理知识的空间性,中学地理学科是培养、提升空间思维的重要学科。

地理空间思维是落实地理核心素养的基础。《普通高中地理课程标准(2017年版 2020 年修订)》在"课程性质"中,明确提出"地理课程旨在使学生具备人地协调观、综合思维、区域认知、地理实践力等地理学科核心素养"。地理空间思维能力是地理知识学习与地理思维发展必备的能力,有助于地理学科核心素养的落实,如空间定位思维、空间关联思维、空间类比思维等空间思维能力始终贯穿于四大核心素养的培养中。因此,基于课程标准对中学地理空间教学的主要内容与教学目标进行解读具有重要意义。

第一节　初中阶段地理空间知识解读

一、以"国家地理"为例的世界地理空间知识解读

沪教版六年级第一学期世界地理部分主要由景观地图、国家地理和自主学习三个单元构成。其中,景观地图单元是初中地理的开篇,也是后续国家地理学习的重要基础;国家地理单元在整本教材中的主体地位较为明显,包括日本、印度、埃及、德国、俄罗斯、美国、巴西和澳大利亚共八个国家;自主学习单元选取各大洲较为典型的国家进行学习。

初中阶段对国家地理的学习是基于"世界"这一空间尺度下认识区域的重要实施方式。在《义务教育地理课程标准(2011 年版)》中,初中世界地理部分明确按照大洲、地区和国家三种空间尺度分列标准。在选择国家即区域时,关注到了以下几个方面:与中国相邻的国家;在世界政治和经济事务中发挥重要作用的国家;与中国政治和经济关系较为密切,并反映课程标准中相关内容最为典型的国家;所选择的国家尽可能来自各个大洲。

初中区域地理教学中涉及了大量最基本的地理空间知识,不仅包括对各种区域地理环境要素空间分布、空间差异与空间结构的研究,还探索地理事物空间格局与空间过程之间的关系,分析人类活动与区域发展的空间联系、相互作用,关注不同尺度的空间区域,预测区域环境的发展变化趋势,探究人类活动与区域环境的可持续发展关系。学生通过对国家地理的学习,能够对区域地理环境的空间方位、空间距离、空间尺度、空间形态、空间作用和空间过程这一系列的空间属性产生基本的认识。

鉴于此,为了更好地培养初中生的地理空间思维能力,教师有必要在实施国家地理部分教学前先梳理教材中与空间相关的学科知识,提取相应国家的空间特征,甄别空间属性,在此基础上再配以合适的地理空间思维方法指导学生理解国家地理知识,引导学生认识各个国家的空间位置、空间分布、空间联系和空间

发展,不断提升地理空间思维能力。

(一)地理空间知识提取

《义务教育地理课程标准(2011年版)》中把世界地理"认识区域"部分的课程标准分为认识大洲、认识地区和认识国家三大部分。认识国家的课程标准要求有:(1)在地图上指出某某国家的地理位置、领土组成和首都;(2)根据地图和其他资料概括某国家自然环境的基本特点;(3)运用地图和其他资料,联系某国家自然条件特点,简要分析该国因地制宜发展经济的实例;(4)用实例说明高新技术产业对某国家经济发展的作用;(5)举例说出某国家在自然资源开发和环境保护方面的经验、教训;(6)根据地图归纳某国家交通运输线路分布的特点;(7)根据地图和其他资料说出某国家的种族和人口(或民族、宗教、语言)等人文地理要素的特点;(8)用实例说明某国家自然环境对民俗的影响;(9)举例说出某国家与其他国家在经济、贸易、文化等方面的联系。

通过研读课程标准,可进一步分析国家地理的空间属性,具体见表2-1所示。

表2-1 "国家地理"空间属性解析

课程标准	空间属性	地理空间知识属性
1.2 查找某国家的地理位置,了解其领土组成。根据地理及其他资料概括某国家自然环境和经济发展特征,简要分析两者的关系	方位	某国家的地理位置
	距离	不同国家之间的距离差异
	尺度	不同国家之间的面积差异
	形态	某国家的领土轮廓、自然环境特征、经济发展特征
	作用	某国家的自然环境与经济发展的作用
	过程	某国家自然环境变化及经济发展的过程

某国家地理位置属于空间属性中的空间方位;不同国家之间的距离差异代表了空间距离;不同国家之间的面积差异是基于不同的空间尺度;某国家的领土轮廓、自然环境特征和经济发展特征属于空间形态;某国家的自然环境与经济发展的作用属于空间作用;某国家自然环境变化及经济发展的过程属于空间过程。需要注意的是,不同的国家有其独特的区域特征,在具体教学中,要避免对一个

国家面面俱到的学习而陷入八股式的地理教学。因此,以上针对国家地理教学的课程标准落实到某个国家时,其侧重点都会发生变化,对地理空间知识的学习也会有所不同。

（二）地理空间思维解析

基于上述对"国家地理"单元中地理空间知识的提取与属性的梳理,依据地理空间思维概念与分类,将该单元涉及的地理空间知识按属性分别从空间感知、空间表征、空间推理三个层面进行思维解析,具体见表2-2所示。

表2-2 "国家地理"空间思维解析

空间思维	地理空间思维解析
空间感知	1. 利用空间定位思维,查找某国家的地理位置并能评价该国家的地理位置特点 2. 利用空间计算思维,计算某国家的人口密度、人口自然增长率
空间表征	1. 利用空间解构思维,根据某国地图,描述并评价该国的地理位置特征 2. 利用空间解构思维,根据某国地形图,描述该国的地形分布特征和河流分布特征 3. 利用空间解构思维,根据某国气候类型分布图或其他资料,判断该国的气候类型或描述该国的气候特征 4. 利用空间解构思维,根据某国人口分布图或其他资料,描述该国的人口分布特征或人口变化发展特征 5. 利用空间解构思维,根据某国的工农业分布图,描述该国的经济发展特征 6. 利用空间建构思维,根据某国的位置、领土、自然环境和经济文化特征,绘制该国的地图
空间推理	1. 利用空间叠合思维,分析某国地理位置对气候的影响、气候对河流的影响、自然环境与经济发展的影响 2. 利用空间关联思维,分析某国自然环境与经济发展、文化习俗之间的联系 3. 利用空间类比思维,分析不同国家地理位置、自然环境和经济发展的相似性与差异性

1. 空间感知

空间感知包括:查找某国家的地理位置并能评价该国家的地理位置特点（空间定位）;计算某国家的人口密度、人口自然增长率（空间计算）。

2. 空间表征

空间表征包括:根据某国地图,描述并评价该国的地理位置特征（空间解构）;根据某国地形图,描述该国的地形分布特征和河流分布特征（空间解构）;根据某国气候类型分布图或其他资料,判断该国的气候类型或描述该国的气候特征(空间解构);根据某国人口分布图或其他资料,描述该国的人口分布特征或人口变化发展特征(空间解构);根据某国的工农业分布图,描述该国的经济发展特征(空间解构);根据某国的位置、领土、自然环境和经济文化特征,绘制该国的地图(空间建构)。

3. 空间推理

空间推理包括:分析某国地理位置对气候的影响、气候对河流的影响、自然环境与经济发展的影响(空间叠合);分析某国自然环境与经济发展、文化习俗之间的联系(空间关联);分析不同国家地理位置、自然环境和经济发展的相似性与差异性(空间类比)。

(三) 基于地理空间视角的教学建议

从空间属性出发,基于"空间推理思维"的教学,以"德国"一课的教学片段示例,提出以下建议。

1. "德国鲁尔区形成条件"教学建议

学生通过观察鲁尔区地图,分组考察各自的内容,了解鲁尔区能成为世界著名工业区的原因,即煤炭资源丰富、河运便利、水源充足、陆上交通便利、劳动力充足、接近消费市场等。教师结合学生的回答补充鲁尔区的情况(煤炭资源:鲁尔区煤炭储量占全国总储量的 3/4;河流分布:河网总长达 425 千米,有大小河港 74 个;公路、铁路线:鲁尔区内铁路长度和货运量分别占全国 1/3 和 2/5;人口和城市:鲁尔区面积占全国 1.3%,人口占全国 9%,既是生产中心,又是消费中心)。在这一教学环节中教师给出一般工业区的形成条件,指导学生结合鲁尔区地图进行对比,找出该工业区发展工业的各方面条件。从矿产、河流、陆上交通线、城市等多种空间要素的叠合分析鲁尔区工业发展的条件,属于对工业区位空间结构的认知。在该环节中,学生根据工业发展的区位条件结合鲁尔区地图进行对照观察,通过鲁尔区的空间表征判断、描述和分析,从而达到由空间感知到空间表征再到空间推理的一系列思维过程。

表 2 - 3　"德国鲁尔区形成条件"小组活动

考察人员	考察内容	考察结论	符合条件(代号)
第一大组	鲁尔区有哪些矿产分布？		
第二大组	鲁尔区内有哪些主要河流？		
第三大组	鲁尔区陆上交通线(公路、铁路)是否稠密？		
第四大组	鲁尔区内城市是否密集？		
一般工业区的形成条件：①地理位置优越；②矿产能源资源丰富；③交通便利；④水源充足；⑤劳动力充足；⑥接近消费市场；⑦科技发达			

2."德国鲁尔区煤炭产量变化"教学建议

让学生再观察图 2 - 1 所示的 1960—2000 年鲁尔区的煤炭产量变化图,教师引导学生思考:鲁尔区工业的发展可能会有哪些危机? 进一步追问:鲁尔区的工业是否就该停止发展了? 德国采取了哪些措施来应对这场危机? 在这一教学环节中,学生观察 1960—2000 年鲁尔区煤炭产量变化图,思考鲁尔区在发展过程中面临的矛盾。该环节的设计考查了学生对鲁尔区煤炭产量变化的空间感知思维和空间类比思维,进而思考鲁尔区在发展工业过程中面临的矛盾,进行空间解构和空间类比,有利于初中学生地理空间思维能力的培养。

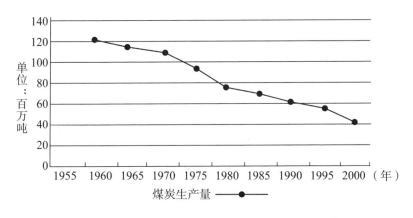

图 2 - 1　1960—2000 年鲁尔区的煤炭产量变化[①]

　① 图片来源:沈爱花."德国文化、工业、交通考察"活动设计[J].中学地理教学参考,2020(16):66 -71.

二、以"中国地形地势特点"为例的中国地理空间知识解读

沪教版七年级第一学期中国地理部分主要由疆域与人口、地形与地势、气温与降水、河流与湖泊和区域篇五个单元构成。初中阶段对国家地理的学习是基于"世界"这一空间尺度下认识区域的重要实施方式。在《义务教育地理课程标准(2011年版)》中,初中世界地理部分明确按照大洲、地区和国家三种空间尺度分列标准。"中国地理"是建立在"国家"这一空间尺度下的内容模块,它区别于六年级时对世界范围内其他国家较为简略的学习,要求学生对中国地理的人文和自然各方面形成更为全面、深入的认识。

初中区域地理教学中不仅包括对各种区域地理环境要素空间分布、空间差异与空间结构的研究,还探索地理事物空间格局与空间过程之间的关系,分析人类活动与区域发展的空间联系及相互作用,关注不同尺度的空间区域,预测区域环境的发展变化趋势,探究人类活动与区域环境的可持续发展关系。学生通过对中国地理的学习,能够对区域地理环境的空间方位、空间距离、空间尺度、空间形态、空间作用和空间过程这一系列的空间属性产生基本的认识。

为了更好地培养初中生的地理空间感知等地理空间思维能力,教师有必要在实施中国地理部分的教学前先梳理教材中与空间相关的学科知识,提取相应的中国的空间特征,甄别空间属性,在此基础上再配以合适的地理空间思维方法指导学生理解中国地理知识,引导学生认识中国的空间方位、距离、尺度、形态、作用和过程等空间属性,不断提升学生的地理空间思维能力。

(一)地理空间知识提取

《义务教育地理课程标准(2011年版)》中指出:地形向来是中国地理比较繁杂的内容,过去讲授我国的地形,更多地注意具体的地形区,使得学生比较集中地记忆大量的地形名称,相对冲淡了学生对地形地势特征的认识。在"中国地形地势特点"一课中,学生的学习重点放在地形地势的主要特征上,培养学生获取地理信息的能力和地理空间思维能力,便于学生从宏观上把握我国地形地势的特征,具体见表2-4。

表 2-4 "中国地形地势特点"空间属性解析

课程标准	空间属性	地理空间知识属性
2.2 概括我国地形、地势的主要特征	方位	中国不同地势阶梯主要的山脉及其位置
	距离	
	尺度	
	形态	中国地势变化总趋势
	作用	中国地形地势特点对气候、河流、农业生产及交通运输的影响
	过程	

  "中国地形地势特点"一课的内容就教学价值而言,除了解我国地形地势特点,即了解空间形态分布特点外,更重要的是,能让学生感受到我国自然环境的复杂性,让学生了解到因山区面积广、平原少而导致的耕地资源的有限性,正确认识这一空间作用。继而,学生能运用空间推理思维初步理解地形地势特点对气候、河流、灾害、农业生产、交通等方面的影响。只有理解这种影响,地形地势特点的学习才有意义。而学生在理解这种影响的过程中,又会进一步理解地形地势的特点,形成稳定的空间表征思维。最终,也能让学生体会到地理环境各要素之间的相互联系、相互影响,有助于学生建构整体的知识结构,提高学生的地理空间思维能力。

  (二)地理空间思维解析

  基于上述对本单元地理空间知识的提取与属性的梳理,根据地理空间思维的概念与分类,将本单元涉及的地理空间知识按属性分别从空间感知、空间表征、空间推理三个层面进行思维解析。空间感知包括利用空间定位思维,了解中国不同地势阶梯主要的山脉及其位置;利用空间转换思维,结合中国地形图与地形剖面图,概括地势变化总趋势。空间表征包括利用空间解构思维,根据中国地势变化总趋势概括我国地形地势的主要特征。空间推理包括利用空间关联思维,基于中国地形地势的特点,了解地形对气候、河流、农业生产及交通运输等的影响。具体见表 2-5 所示。

表2-5 "中国地形地势特点"空间思维解析

空间思维	地理空间思维解析
空间感知	1. 利用空间定位思维,了解中国不同地势阶梯主要的山脉及其位置; 2. 利用空间转换思维,结合中国地形图与地形剖面图,概括地势变化总趋势
空间表征	利用空间解构思维,根据中国地势变化总趋势概括我国地形地势的主要特征
空间推理	利用空间关联思维,基于中国地形地势的特点,了解地形对气候、河流、农业生产及交通运输等的影响

（三）基于地理空间视角的教学建议

从空间属性出发,基于"地理空间思维"的教学,以"中国地形地势特点"一课的教学片段示例,提出以下建议。

1. "西高东低,呈三级阶梯"的教学建议

教师展示四个不同形态的中国地形模型,学生观察中国地形图,选择正确的中国地形示意模型,并简述判断依据,说出我国地势特征。

在这一教学环节中,学生在较为形象的地理空间模型的帮助下抓住我国的地势特征,通过分别观察四个不同地形示意模型的形态特征和颜色分布差异,结合中国地形图,确定我国"西高东低,呈三级阶梯"的空间形态,建立由平面到立体的空间转换思维。在初中地理的学习中,平面和立体这两种维度的转换经常发生,帮助学生实现维度间的自如切换,有利于其形成空间表征思维。

2. "地形地势的影响"的教学建议

教师分别提供中国和美国的地形图和景观图,引导学生分析两者产生差异的主要原因。

海陆位置是影响气候特点的基本因素,而地形的不同也会造成具有相似海陆位置特征的两地在气候特点上有鲜明的差异。学生从景观图的直观比较中自然而然产生了认知冲突,并通过对比两国地形图,推导出我国西高东低的地势特征对气候产生的有利影响。本环节主要考查学生的地理空间推理思维,学生必须运用空间关联思维,分析中美两国地形对其气候产生的影响。

第二节　高中阶段地理空间知识解读

一、以"必修 1　大气环境"为例的自然地理空间知识解读

高中阶段自然地理部分的教学主要通过必修 1 和选择性必修 1 两册教材落实。必修 1 包括行星地球、大气环境、水环境、陆地环境四个单元;选择性必修 1 包括地球运动、岩石圈与地表形态、大气圈与天气气候、水圈与海气相互作用、自然环境特征五个单元。

自然地理是研究自然地理环境的组成、结构、功能、动态及其空间分异规律的学科,是地理学的一个重要分支学科。高中自然地理教学中涉及丰富的地理空间知识,不仅包括对各种自然地理环境要素空间分布、空间差异与空间结构的研究,还探索地理事物空间格局与空间过程之间的关系,分析人类活动与自然要素的空间联系和相互作用,关注不同尺度的空间区域,预测自然环境的发展变化趋势,探究人类活动与地理环境的可持续发展关系。

为了更好地培养学生的地理空间思维能力,教师有必要在实施自然地理部分的教学前先梳理教材中与空间相关的学科知识,提取空间特征,甄别空间属性。在此基础上,再匹配合适的空间思维方法指导学生理解抽象的地理知识,推演复杂的地理过程,解决现实的地理问题,逐渐培养自身的地理空间思维能力;同时,也为后续人文地理和区域地理的学习奠定扎实的空间思维素养。

(一)地理空间知识提取

《普通高中地理课程标准(2017 年版 2020 年修订)》对"必修 1　大气环境"部分的"内容要求"包括"1.5 运用图表等资料,说明大气的组成和垂直分层,及其与生产生活的联系"和"1.6 运用示意图等,说明大气受热过程与热力环流原理,并解释相关现象"。通过研读课标、分析教材,并结合多年的教学实践经验,笔者对"必修 1　大气环境"单元的地理空间知识属性进行了整理,可以从空间方位、距离、尺度、形态、作用、过程等方面进行分析。

根据课程标准"1.5 运用图表等资料,说明大气的组成和垂直分层,及其与生产生活的联系",空间属性解析见表2-6所示。在空间方位上,包括大气各分层的位置,臭氧层、电离层的位置;在空间距离上,主要指大气各分层的垂直高度和厚度;在空间作用上,主要指电离层对无线电波的影响;在空间过程上,主要指对流层厚度随纬度、季节变化的规律,气温随高度变化的曲线形态,对流运动和水平运动的形成过程。

根据课程标准"1.6 运用示意图等,说明大气受热过程与热力环流原理,并解释相关现象",空间属性解析见表2-6所示。在空间方位上,包括大气的热源;在空间尺度上,包括不同尺度下热力环流的表现形式,如大气环流、海陆风、山谷风、城市风等;在空间作用上,主要指大气对太阳辐射的削弱作用和大气对地面的保温作用;在空间过程上,主要指大气受热过程、热力环流形成过程、高空和近地面风向的形成过程。

表2-6 "大气环境"空间属性解析

课程标准	空间属性	地理空间知识属性
1.5 运用图表等资料,说明大气的组成和垂直分层,及其与生产生活的联系	方位	大气各分层的位置,臭氧层、电离层的位置
	距离	大气各分层的垂直高度和厚度
	尺度	
	形态	
	作用	电离层对无线电波的影响
	过程	对流层厚度随纬度、季节变化的规律,气温随高度变化的曲线形态,对流运动和水平运动的形成过程
1.6 运用示意图等,说明大气受热过程与热力环流原理,并解释相关现象	方位	大气的热源
	距离	
	尺度	不同尺度下热力环流的表现形式,如大气环流、海陆风、山谷风、城市风等
	形态	
	作用	大气对太阳辐射的削弱作用和大气对地面的保温作用
	过程	大气受热过程、热力环流形成过程、高空和近地面风向的形成过程

（二）地理空间思维解析

基于以上对本单元地理空间知识的提取与属性的甄别,根据本书提出的地理空间思维概念与分类,笔者将本单元涉及的地理空间知识按属性分别从空间感知、空间表征、空间推理三个层面进行思维解析,具体见表2-7所示。

表2-7　"大气环境"空间思维解析

空间思维	地理空间思维解析
空间感知	1. 利用空间定位思维,根据"大气的垂直分层(中纬度地区)"示意图,认识各分层的位置,并明确臭氧层、电离层的位置; 2. 利用空间计算思维,根据"大气的垂直分层(中纬度地区)"示意图,估算各分层的厚度; 3. 利用空间计算思维,估算大气上界和地球表面获得的太阳辐射量的差异
空间表征	1. 利用空间建构思维,根据各分层气温垂直变化的规律自行绘制气温随高度变化的曲线,理解大气垂直分层的依据; 2. 利用空间解构思维,根据对流层大气热量来源、运动特点理解对流层厚度随纬度和季节变化的规律; 3. 利用空间建构思维,根据热力环流原理,自行绘制热力环流示意图,并以海陆风为例,通过绘制示意图解释其形成过程; 4. 利用空间解构思维,运用"太阳辐射、地面辐射和大气辐射关系图",说出太阳、地面和大气之间能量转换的过程
空间推理	1. 利用空间关联思维,根据"大气中氧气含量的变化"示意图比较原始大气和现代大气中氧气含量的变化规律; 2. 利用空间关联思维,根据"电离层对无线电波的影响"示意图,理解电离层对通信、广播和全球导航等的重要意义; 3. 利用空间关联思维,根据"逆温层示意图"理解逆温现象的表现,通过分析逆温现象的成因和影响理解逆温和雾霾之间的联系; 4. 利用空间类比思维,以海陆风为例,运用热力环流原理解释山谷风、城市风的形成过程; 5. 利用空间叠合思维,逐步分析近地面大气在水平气压梯度力、地转偏向力、摩擦力三力共同作用下实际风向的形成

针对"方位、距离"空间属性的地理知识,通过判读示意图培养空间定位思维,如利用"大气的垂直分层(中纬度地区)"示意图认识各分层的位置,并明确臭氧层、电离层的位置;通过估算数值培养空间计算思维,如根据"大气的垂直分层

(中纬度地区)"示意图估算各分层的厚度。针对"尺度"空间属性的地理知识,通过图文互换培养空间解构和建构思维,如根据各分层气温垂直变化的规律自行绘制气温随高度变化的曲线,理解大气垂直分层的依据(空间建构)。针对"作用、过程"空间属性的地理知识,通过图图叠合培养空间叠合思维,如逐步分析近地面大气在水平气压梯度力、地转偏向力、摩擦力三力共同作用下实际风向的形成;通过逻辑关联或时空关联培养空间关联思维,如利用"大气中氧气含量的变化"示意图比较原始大气和现代大气中氧气含量的变化规律(时空关联);通过由此及彼培养空间类比思维,如以海陆风为例,运用热力环流原理解释山谷风、城市风的形成过程。

(三)基于地理空间视角的教学建议

从空间属性出发,基于"空间表征思维"的教学,以"热力环流"一课的教学片段示例,提出以下建议。

1."气压与风"的教学建议

该环节在实施过程中,学生首先需要根据热胀冷缩的物理原理,分别绘出地面受热处和冷却处大气的垂直运动方向,大气的垂直运动改变了近地面和高空的气压场分布,在示意图相应处标明高低压的分布情况。同一水平面上一旦出现气压差,就会产生水平气压梯度力。在该力的作用下,同一水平面上大气从高压处流向低压处,即形成了大气的水平运动——风。由此可见,水平气压梯度力是风形成的直接原因,地面的冷热不均是风形成的根本原因。通过示意图的绘制,有能力的学生可进一步探究近地面和高空在受热或冷却前后等压面的变形情况。该过程通过从文到图的逐步演绎,从因果顺序、垂直水平、地面高空等不同维度培养学生的空间建构思维能力。

2."海陆风"实例的教学建议

热力环流是大气运动最基本的形式,存在不同尺度的表现方式,大到整个地球表面的大气环流,小到窗边的冷空气入室。在前面建构了热力环流的形成原理后,引导学生将理论应用到实践中。以海陆风为例,通过分析海陆两地昼夜间的受热差异,绘制近地面和高空气压场的变化情况,分析得到沿海地区昼夜风向的变化情况。学生还可以举例说明海陆风向昼夜变化在现实生活中的应用实例。该过程是在上一环节的基础上通过举一反三、联系生活等方式强化学生的空间建构思维能力。

二、以"必修 1 人口"为例的人文地理空间知识解读

高中阶段人文地理主要通过必修 2、选择性必修 2 落实,必修 2 以人文地理为基础,主要包括人口、城镇与乡村、产业区位选择、区域发展战略、环境问题与可持续发展等几方面。

从空间思维培养的角度来看,该部分内容包含人文地理要素的空间分布及其特征,以及时空演变过程。同时人文地理要素与自然地理要素密切相关,注重多要素分析,体现出空间建构思维、空间叠合思维、空间关联思维等。

在教学中要提升学生的地理空间思维能力,教师首先要梳理人文地理部分蕴含的空间知识,通过提取地理空间知识,甄别地理空间属性;根据不同的教学内容选取不同的空间思维教学策略,提升学生对人文地理现象的空间感知,综合分析地理要素的空间关联,推理人文地理现象的发展演变等;通过探索社会经济活动的空间特点,提升地理综合思维和区域认知核心素养,树立人地协调发展的观念。

（一）地理空间知识提取

《普通高中地理课程标准(2017 年版 2020 年修订)》对"必修 2 人口"部分的"内容要求"包括"2.1 运用资料,描述人口分布、迁移的特点及其影响因素,并结合实例,解释区域资源环境承载力、人口合理容量"。通过课标分析该部分教学包含的地理空间知识,从空间属性来看有以下几方面,具体见表 2-8。认识人口分界线(胡焕庸线),判断人口迁移的方向,属于空间方位知识;世界与中国的人口分布特征、人口稠密区和稀疏区,属于不同尺度的人口空间分布;某区域人口空间分布特征属于空间形态知识;分析人口容量的影响因素与人口分布的影响因素,则属于空间作用;人口增长过程与人口分布和迁移的发展变化特点,则属于空间过程知识。

表 2-8 "人口"空间属性解析

课程标准	空间属性	地理空间属性解析
2.1 运用资料,描述人口分布、迁移的特点及其影响因素,并结合实例,解释区域资源环境承载力、人口合理容量	方位	1. 人口分界线(胡焕庸线)的空间方位; 2. 人口迁移的方向判读
	距离	1. 人口密度与距海远近的关系; 2. 人口密度与经济发达区的距离远近关系
	尺度	不同尺度的人口空间分布,如中国的人口分布特征、世界人口稠密区和稀疏区
	形态	某区域人口空间分布形态
	作用	1. 自然条件和社会经济条件对人口分布的影响; 2. 影响人口容量的因素; 3. 影响人口迁移形式的主要因素
	过程	1. 人口分布和迁移的发展变化特点; 2. 人口增长过程

（二）地理空间思维解析

基于以上对本单元地理空间知识的提取与属性的甄别,笔者从空间感知、空间表征、空间推理三个层面进行思维解析,具体见表 2-9。根据空间方位、距离等空间属性的地理知识培养空间感知思维。如利用人口分布图,确定人口分布的空间位置,进行空间定位思维培养。根据空间形态属性的地理知识进行图文转换,从图到文或从文到图进行解构、建构思维的培养。例如,利用人口分布图,描述概括世界或中国不同尺度的人口分布的特点,如海陆分布位置、纬度分布位置等特点;再如,根据人口迁移示意图,概括人口迁移的特点,从图到文,培养空间解构思维,或是根据人口迁移的推拉理论分析某地人口迁移的特点,培养空间建构思维。根据空间作用、过程等属性的地理知识培养空间推理能力。如通过气候、地形、河流、经济等多要素图层叠加,分析影响人口分布和迁移的主要因素,培养空间叠合思维;分析世界和中国不同时期人口迁移的特点(时空演变),分析工业化与人口增长阶段的关联,解释区域资源环境承载力与人口合理容量的关系,培养空间关联思维;类比胡焕庸线东西两侧的人口密度差异的成因,培养空间类比思维。

表 2 - 9　"人口"空间思维解析

空间思维	空间思维解析
空间感知	利用空间定位思维,根据人口分布图,确定人口分布的空间位置和方位
空间表征	1. 利用空间解构思维,根据人口分布图,描述概括人口分布的特点; 2. 利用空间解构思维,根据人口迁移示意图,描述概括人口迁移的特点; 3. 利用空间建构思维,根据人口迁移的推拉理论分析某地人口迁移的原因
空间推理	1. 利用空间叠合思维,通过气候、地形、河流、经济等多要素图层叠加,分析影响人口分布和迁移的主要因素; 2. 利用空间关联思维,分析世界和中国不同时期人口迁移的特点(时空演变); 3. 利用空间关联思维,分析工业化与人口增长阶段的关联; 4. 利用空间关联思维,解释区域资源环境承载力与人口合理容量的关系; 5. 利用空间类比思维,类比胡焕庸线东西两侧的人口密度差异的成因

(三) 基于空间视角的教学建议

从空间属性出发,基于"地理空间思维"的教学,以"人口分布"一课的教学片段示例,提出以下建议。

1. "人口分布"空间感知思维培养的建议

根据"世界人口分布图",要求学生能描述"世界人口分布的特点,哪些地区是人口稠密区,哪些是稀疏区"。该环节蕴含的空间思维表现在看懂人口密度表示的人口分布图,正确认识世界地图各大洲的方位,并正确定位人口分布的稠密区,主要是东亚、南亚、欧洲西部与北美东部;人口分布的稀疏区,如亚欧大陆北部、非洲的刚果盆地和撒哈拉沙漠、南美洲的亚马孙平原、中国的青藏高原等地。对于人口稀疏区的定位也可以从气候角度确定,如高纬度寒冷地区、赤道热带雨林地区、回归线热带沙漠气候区。

2. "人口分布"空间解构思维培养的建议

要求学生用语言描述人口分布的纬度位置、海陆位置、地形位置、经济地理位置,从人口分布图到文字描述,从不同的维度解构人口的空间分布格局。如人口稠密的亚洲东部地区主要位于中纬度的亚热带、温带地区,东部靠近太平洋,距海洋较近,以地势低平的平原为主,属于经济发达地区。通过多维空间解构,使学生进一步认识人口稠密区的分布特点。空间解构思维进一步提升了学生对人文地理现象的深层次理解,该学习环节有助于学生空间表征思维的培养,从空间解构思维角度加强对地理知识的理解。

3."人口分布成因"空间推理思维培养的建议

提出问题："为什么东亚、南亚、西欧、北美是人口稠密区？分析、解释人口稠密区的成因。"学生可以采取分组讨论的形式进行多要素分析，如东亚人口稠密区的原因有哪些、南亚人口稠密区的原因有哪些，该环节可采用相关区域的地形图、气候图、河流分布图、城市分布图、工业区分布图等。通过多要素图层叠加的空间思维，揭示不同地理事物之间的空间联系。

三、以"选择性必修 2 区域产业转移，以东亚为例"为例的区域地理空间知识解读

高中阶段区域地理部分的教学主要通过选择性必修 2 教材落实，选择性必修 2 包括区域发展差异、区域发展过程、区域协调合作三个单元。

区域地理是研究一个特定地理空间中自然地理要素和人文地理要素相互作用的学科，是地理学的一个重要分支学科。高中区域地理教学中涉及丰富的地理空间知识，不仅需要灵活运用自然地理和人文地理中的地理知识，还要能深入分析人类活动与地理要素的空间联系和相互作用，关注不同尺度的空间区域，预测地理空间的发展变化趋势，探究人类活动与地理环境的可持续发展关系。

在自然地理和人文地理教学的基础上，为了更好地培养学生的地理空间思维能力，教师有必要在实施区域地理部分的教学前先梳理教材中与空间相关的学科知识，提取空间特征，甄别空间属性。在此基础上，再匹配合适的空间思维方法，指导学生理解抽象的地理知识、推演复杂的地理过程、解决现实的地理问题，逐渐培养自身的地理空间思维能力，提升地理空间思维素养。

（一）地理空间知识提取

《普通高中地理课程标准（2017 年版 2020 年修订）》对"选择性必修 2 区域产业转移，以东亚为例"部分的"内容要求"是"2.7 以某区域为例，说明产业转移和资源跨区域调配对区域发展的影响"。通过研读课标、分析教材并结合多年的教学实践经验，笔者对"选择性必修 2 区域产业转移，以东亚为例"单元的地理空间知识属性进行了整理，具体见表 2-10。

表 2-10   "区域产业转移,以东亚为例"空间属性解析

课程标准	空间属性	地理空间属性解析
2.7 以某区域为例,说明产业转移对区域发展的影响	方位	1. 东亚的位置; 2. 产业移出区与承接区的位置
	距离	
	尺度	不同尺度下的产业转移,如国际产业转移、国内地区间产业转移
	形态	
	作用	产业转移对区域发展的影响
	过程	全球纺织产业转移的过程、劳动密集型产业的转移过程

在空间方位上,既包括案例中东亚的位置,也包含从性质上划分的产业移出区与承接区的位置。在空间尺度上,包括不同尺度下的空间转移,如国际产业转移、国内地区间产业转移。在空间作用上,主要指产业转移对区域发展的影响,包括对自然环境和经济社会发展的影响。在空间过程上,包括案例中全球纺织产业转移的过程,也包括劳动密集型产业的转移过程。

(二) 地理空间思维解析

基于以上对本单元地理空间知识的提取与属性的甄别,根据本书提出的地理空间思维概念与分类,笔者将本单元涉及的地理空间知识按属性分别从空间感知、空间表征、空间推理三个层面进行了以下思维解析,具体见表 2-11。

表 2-11   "区域产业转移,以东亚为例"空间思维解析

空间思维	地理空间思维解析
空间感知	1. 利用空间定位思维,参考"国家级承接产业转移示范区"图,在中国行政区地图上圈出这些示范区; 2. 利用空间定位思维,参考"中国服装产业向中西部地区转移"图,指出我国承接服装产业的主要地区
空间表征	利用空间解构思维,根据"东亚三次产业转移"案例,归纳国际产业转移的一般规律
空间推理	1. 利用空间关联思维,根据"微笑曲线"图,分析"微笑曲线"与产业转移的关系; 2. 利用空间关联思维,读"全球纺织产业转移历程"图,按时间顺序说明纺织业转移方向; 3. 利用空间关联思维,结合图文材料,说明东亚地区三次产业转移的方向并分析原因,阐述产业转移对区域发展的影响; 4. 利用空间类比思维,结合"中国产业转移的两个阶段"案例,分阶段探讨地区承接产业的条件和产业转出的原因

针对"方位"空间属性的地理知识,通过参考示意图培养空间感知思维,如参考"国家级承接产业转移示范区"图,在中国行政区地图上圈出这些示范区;参考"中国服装产业向中西部地区转移"图,指出我国承接服装产业的主要地区,从而培养空间感知思维中的空间定位思维。针对"尺度"空间属性的地理知识,通过图文互换培养空间表征思维,如根据"东亚三次产业转移"案例,归纳国际产业转移的一般规律,从而培养空间表征思维中的空间解构思维。针对"作用、过程"空间属性的地理知识,通过图文分析培养空间推理思维。如根据"微笑曲线"图,分析"微笑曲线"与产业转移的关系,培养空间关联思维;如读"全球纺织产业转移历程"图,按时间顺序说明纺织业转移方向,结合"中国产业转移的两个阶段"案例,分阶段探讨地区承接产业的条件和产业转出的原因,培养空间类比思维;如结合图文材料,说明东亚地区三次产业转移的方向并分析原因,阐述产业转移对区域发展的影响,培养空间关联思维。

(三)基于空间视角的教学建议

从空间属性出发,基于"地理空间思维"的教学,以"区域产业转移,以东亚为例"一课的教学片段示例,提出以下建议。

1."东亚三次产业转移"的教学建议

"东亚三次产业转移"中体现了空间解构思维和空间关联思维,在教学过程中,应将两者整合,引导学生分析,从而提升空间思维。通过"东亚三次产业"转移的过程,在世界地图上标注产业转移的方向,观察并以思维导图的形式梳理三次产业转移的转出地、转入地、转移的产业类型、转移的原因以及对转入地和转出地的影响,从而思考归纳出产业转移的规律。该过程通过从文到图的逐步演绎,从因果顺序、时间顺序、区域分析等不同维度培养学生的空间解构思维能力和空间关联思维能力。

2."中国产业转移的两个阶段"的教学建议

"中国产业转移的两个阶段"的内容中体现了空间类比思维,在教学过程中,应引导学生进行空间类比分析,从而提升空间思维。学习产业转移的基础知识后,对案例"中国产业转移的两个阶段"可提供材料,启发学生自主分析或小组讨论,分阶段探讨地区承接产业的条件和产业转出的原因,从而培养空间类比思维能力。

第三节　初高中阶段地理空间知识衔接与进阶

一、初高中空间知识和空间思维比较

（一）知识属性比较

从空间知识总量来看，初中地理空间知识总量相对较少，高中地理空间知识总量较多且分布均匀（见图 2-2）。从空间属性知识来看，据初中地理空间思维解析，6 种空间属性出现频次统计，由高到低的顺序依次是空间作用（28 次）、空间形态（21 次）、空间方位（19 次）、空间过程（13 次）、空间尺度（8 次）、空间距离（6 次）。据高中地理空间属性解析次数统计，由高到低的顺序依次是空间过程和空间作用（两者并列，55 次）、空间方位（52 次）、空间形态（41 次）、空间尺度（35 次）、空间距离（28 次）。

相同点是空间方位与空间作用都在解析次数前三位，不同点是初中前三位中还有空间形态，高中则是空间过程。因此，高中地理空间知识比较注重动态的、发展变化的空间知识。

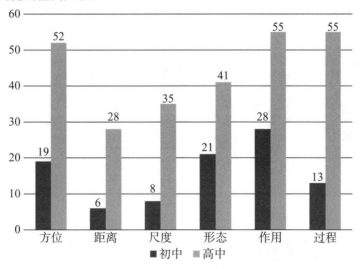

图 2-2　初高中地理空间属性解析次数统计

（二）空间思维比较

根据空间思维知识，将三大空间思维涵盖的八个方面进行频次统计和比较，结果见图2-3所示。初中地理空间思维出现的频次，由高到低依次是空间关联、空间解构、空间定位、空间类比、空间叠合、空间建构、空间计算、空间转换。高中地理空间思维出现的频次，由高到低依次是空间关联、空间解构、空间定位、空间建构、空间叠合、空间类比、空间计算、空间转换。

初高中地理均以空间关联思维、空间解构思维、空间定位思维三方面出现频次较高，空间转换思维出现频次均相对较低。不同点是，高中地理八个方面的思维总量远大于初中，高中地理的空间建构思维出现频次也比较高。

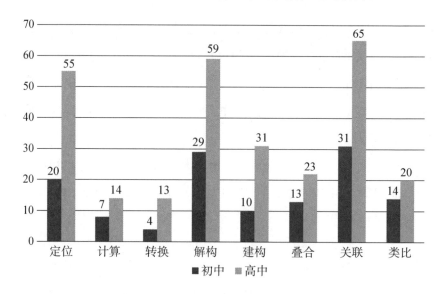

图2-3 初高中地理空间思维解析次数统计

（三）地理空间知识的教学建议

1. 梳理有利于学生空间思维发展的知识体系

地理课程中几乎各个章节中均蕴含空间思维的内容，地理基础知识中的经纬网、方向、比例尺、地图主要是空间方位、空间距离、空间尺度、空间形态的表现。自然地理知识中大气圈、水圈、岩石圈以探索地理事物与现象的分布、特征、规律为主，侧重科学发现的推理分析，如空间关联思维、空间叠合思维、空间类比思维、空间解构思维、空间建构思维等。人文地理与综合地理则注重多要素分析,体现综合思维的特点,如空间建构思维、空间叠合思维、空间关联思维等。因此,以空间思维发展为基础进行知识体系的梳理,更能清楚显示初中到高中空间思维进阶的过程,从而为空间教学建立基础。

2. 体现有利于学生空间思维发展的教育理念

不同的地理知识涉及的范围大小不同,即空间尺度不同。学生对于尺度过大的或是缺乏体验的空间,在学习相关内容时往往存在一定的困难。因此,空间思维的培养要注重体验实践,通过空间感知获取空间思维的提升。具身认知理论主张身心合一,大脑嵌入身体,身体嵌入认知环境,人类认知是大脑、身体、环境三者构成的统一体。"具身空间"即教学中提供学生参与实践感知活动的空间,在活动中身体多感官体验、感知、互动与合作,增加感性认识,为抽象思维的形成奠定基础。因此,通过有利于学生空间思维发展的教育理念,如"具身认知"理论开展地理教学,能更好地帮助学生地理空间思维的发展。

3. 形成有利于学生空间思维发展的教学策略

在教学设计方面,通过合理的活动设计可以提升学生的空间思维能力。活动设计要体现空间感知,如实物演示、动态模拟、动手操作、室外观测、模拟实验等,使学生在活动中感受地理现象,获取感性认知,再通过空间转换形成抽象思维,使地理理论知识与实际生活联系起来,建立空间思维体系,实现地理空间思维建模。

在图表使用方面,通过合理的图表选择以及设计合理的利用方式,有利于提升学生的空间思维。地图是空间思维培养的必备工具,根据教学内容选择合适的地图或设计合理的图表进行教学,指导学生进行图表制作,学会地理信息和资料的处理,有利于学生空间思维的建构。

在教学技术方面,运用现代技术改变被动学习,提升地理空间思维。例如,运用 GIS 探索上海市人口的空间分布格局、空间变化状况等,学生完成探究活动,实现自主学习。"3S"技术、Google Earth 等多种现代地理信息平台,对地理空间思维教学有巨大帮助。

二、以"地球运动"为例的初高中空间知识解析

(一)知识属性比较

《义务教育地理课程标准(2022 年版)》对"地球运动"部分的"内容要求"包

括：了解地球的真实形状和大小；理解地球运动的过程和特点；结合实例，说明地球运动的地理意义。通过课标分析，该部分教学包含的地理空间知识，从空间属性来看有以下几方面：太阳升落的方位、地球自转的方向、地球公转的方向属于空间方位知识；地球赤道半径、极半径和平均半径的长度、一年中太阳直射点的移动范围属于空间距离知识；地球运动对于全球和某地区的影响属于空间尺度知识；二分二至日全球不同纬度分布范围内昼夜长短变化属于空间形态知识；地球运动对太阳东升西落和全球昼夜交替的影响、地球运动对四季形成和全球昼夜长短变化的影响属于空间作用知识；地球自转的过程、地球围绕太阳公转的过程、太阳直射点的移动过程属于空间过程知识。

《普通高中地理课程标准（2017 年版 2020 年修订）》对"地球运动"部分的"内容要求"包括选择性必修 1 中"1.1 结合实例，说明地球运动的地理意义"。通过课标分析，该部分教学包含的地理空间知识从空间属性来看包括：水平运动物体偏转的方向、太阳升落的方位属于空间方位知识；一年中太阳直射点的移动范围，二分二至日全球正午太阳高度和昼夜长短的纬度分布范围属于空间距离知识；地球运动对于全球和某地地区的影响属于空间尺度知识；地球运动对全球正午太阳高度和昼夜长短的影响、四季的划分属于空间作用知识；太阳直射点的移动过程、地球围绕太阳公转的过程、地球自转的过程属于空间过程知识。具体见表 2‑12。

表 2‑12　"地球运动"初中和高中空间属性解析

空间属性	初中	高中
方位	太阳升落的方位、地球自转的方向、地球公转的方向	水平运动物体偏转的方向、太阳升落的方位
距离	地球赤道半径、极半径和平均半径的长度、一年中太阳直射点的移动范围	1. 一年中太阳直射点的移动范围；2. 二分二至日全球正午太阳高度和昼夜长短的纬度分布范围
尺度	地球运动对于全球和某地区的影响	地球运动对于全球和某地区的影响
形态	二分二至日全球不同纬度分布范围内昼夜长短变化	二分二至日全球不同纬度分布范围内昼夜长短变化和正午太阳高度变化

（续表）

空间属性	初中	高中
作用	地球运动对太阳东升西落和全球昼夜交替的影响、地球运动对四季形成和全球昼夜长短变化的影响	地球运动对全球正午太阳高度和昼夜长短的影响、四季的划分
过程	地球自转的过程、地球围绕太阳公转的过程、太阳直射点的移动过程	1. 太阳直射点的移动过程； 2. 地球围绕太阳公转的过程； 3. 地球自转的过程

（二）空间思维比较

基于以上对"地球运动"地理空间知识的提取与属性的甄别，根据本书提出的地理空间思维概念与分类，将初高中"地球运动"涉及的地理空间知识按属性分别从空间感知、空间表征、空间推理三个层面进行思维解析，结果见表 2-13 所示。

表 2-13　"地球运动"初中和高中空间思维解析

空间思维	初中	高中
空间感知	1. 利用空间定位思维，从生活经验判断太阳升落的方位、推理地球自转的方向和地球公转的方向； 2. 利用空间计算思维，根据地球的平均半径计算赤道的周长、时差的换算； 3. 利用空间转换思维，从侧视、俯视等不同视角观察地球运动的状态	1. 利用空间定位思维，说出水平运动物体偏转的方向； 2. 利用空间定位思维，判断不同季节的太阳升落的方位； 3. 利用空间计算思维，分析正午太阳高度角的变化； 4. 利用空间转换思维，可将地球运动的三维视角转换为不同视角的投影图，如侧视图、俯视图等
空间表征	1. 利用空间解构思维，根据地球自转示意图，描述不同半球不同的昼夜情况； 2. 利用空间解构思维，根据地球公转示意图，描述不同日期不同地区昼夜长短变化情况； 3. 利用空间建构思维，根据地球的极半径和赤道半径数据，理解并概括地球的真实形状； 4. 利用空间建构思维，根据地球运动的静态示意图、动态动画视频、立体教具演示，建构头脑中地球运动的模型	1. 利用空间解构思维，根据地球公转示意图，描述不同日期不同地区昼夜长短、正午太阳高度的变化； 2. 利用空间建构思维，根据不同日期不同地区昼夜长短、正午太阳高度的变化，绘制出不同视角的投影图，如侧视图、俯视图等

（续表）

空间思维	初中	高中
空间推理	1. 利用空间叠合思维,分析地球运动对于全球太阳辐射分布的影响; 2. 利用空间关联思维,根据北半球昼夜长短变化规律类比分析得出南半球的分布规律; 3. 利用空间类比思维,比较不同时区的太阳升落先后顺序; 4. 利用空间类比思维,比较同一日期不同地区昼夜长短的变化规律; 5. 利用空间类比思维,比较同一地点不同日期昼夜长短的变化规律	1. 利用空间叠合思维,分析地球运动对于全球太阳辐射分布的影响; 2. 利用空间关联思维,比较同一日期不同地区昼夜长短和正午太阳高度的变化规律,比较同一地点不同日期昼夜长短和正午太阳高度的变化规律; 3. 利用空间类比思维,据北半球昼夜长短变化规律类比分析得出南半球的分布规律

在空间感知方面,运用空间定位思维,初中从生活经验判断太阳升落的方位、推理地球自转的方向和地球公转的方向;高中则运用空间定位思维说出水平运动物体偏转的方向和不同季节的太阳升落的方位。运用空间计算思维,初中根据地球的平均半径计算赤道的周长、时差的换算;高中根据太阳直射点的移动,分析正午太阳高度角的变化。初中和高中都运用空间转换思维,从侧视、俯视等不同视角观察地球运动的状态。

在空间表征方面,运用空间解构思维,初中根据地球自转示意图描述不同半球不同的昼夜情况,根据地球公转示意图描述不同日期不同地区昼夜长短变化情况;高中根据地球公转示意图,描述不同日期不同地区昼夜长短、正午太阳高度的变化。初中运用空间建构思维,根据地球的极半径和赤道半径数据,理解并概括地球的真实形状,根据地球运动的静态示意图、动态动画视频、立体教具演示建构头脑中地球运动的模型;高中运用空间建构思维,根据不同日期不同地区昼夜长短、正午太阳高度的变化,绘制出不同视角的投影图,如侧视图、俯视图等。

在空间推理方面,运用空间叠合思维,初中分析地球运动对于全球太阳辐射分布的影响;高中分析地球运动对全球太阳辐射分布的影响。运用空间关联思维,初中根据北半球昼夜长短变化规律类比分析得出南半球的分布规律;高中比较同一日期不同地区昼夜长短和正午太阳高度的变化规律,比较同一地点不同日期昼夜长短和正午太阳高度的变化规律。运用空间类比思维,初中比较不同时区的太阳升落先后顺序,比较同一日期不同地区昼夜长短的变化规律,比较同一地点不同日期昼夜长短的变化规律;高中根据北半球昼夜长短变化规律类比分析得出南半球的分布规律。

（三）基于空间视角的教学示例

案例

"模拟地球自转运动"教学过程比较

教师将教室灯熄灭,拉上窗帘,布置成暗室。如图2-4所示,将一盏电灯放在桌子上代表太阳,在电灯旁放置一个地球仪代表地球,拨动地球仪模拟地球自转运动。

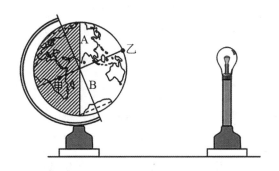

图2-4　地球自转运动演示示意图

【初中】观察地球仪上的受光区域及其变化。

设计说明:该环节用实物模拟地球自转,学生通过空间定位,判断地球自转的方向;通过空间解构,描述地球昼夜变化的情况;通过空间建构,建立头脑中关于地球自转的模型;通过空间类比,比较不同地区日出日落先后顺序。该环节对提高学生的地理空间思维能力很有促进意义。

【高中】观察地球自转的方向和速度,探究地球自转的基本规律。

设计说明:该环节蕴含的空间思维表现在通过地球仪的模拟,观察地球自转的特点,总结不同纬度的速度差异,这要求学生具有基本的空间定位能力。在观察过程中,能将三维立体角度转换为地球自转平面示意图,这是一种空间转换思维。要求学生用语言描述地球自转的规律,读懂地球自转示意图是对地球运动的认知过程,有助于学生空间定位和空间转换思维的培养,帮助学生从空间角度加强对地球运动的理解。

【初中】教师完成模拟实验后,引导学生分别思考以下问题。

1. 地球自转是指地球绕着图中字母_____所表示的地轴不停地旋转运动。地球自转一周的时间约是_____小时,地球从图中甲所示位置自转到图中乙所示位置,所需的时间约为_____小时。

2. 这一实验演示的是地球自转产生的_____现象。从示意图看,此刻全部处于黑夜的大洲是_____。

3. 拨动地球仪,北极附近一直不能进入灯光照亮的区域,表明该地区出现了_____现象。

设计说明:这些问题从地球自转的定义、周期和意义等多方面综合考查,并且要求结合具体的实验情境进行分析判断,需要建立在对地球自转的深度理解上才能完成。首先,学生需要对地轴位置进行准确的空间定位,在理解地球自转周期的基础上,通过空间计算判断从位置甲到位置乙所需的时间。其次,对实验所揭示的地理现象进行分析判断,这是由空间感知思维上升到空间表征思维的过程。

【高中】学习地球自转的意义。提出问题:"为什么上海的时间比伦敦早?为什么河流两岸的冲刷程度不一样?"学生可以采取分组讨论的形式进行分析。

设计说明:该环节要求学生根据地球自转运动分析,结合生活实际进行区时计算,理解地转偏向力,有利于空间推理思维的提升。

从空间思维的角度重新解读中学地理的教学内容和教学目标,提取地理空间知识,解析地理空间思维,不仅能为课堂实践提供基于空间视角的教学建议,有利于初中和高中地理知识的有效衔接与进阶,更能加深师生对地理空间知识的理解,有助于学生地理空间思维的发展。

▶ 第三章

中学生地理空间
思维现状分析

对地理空间思维的教学进行深入研究,首先需要了解学生的学情,即需要回答中学生地理空间思维的现实情况究竟如何。要较为科学地解答这个问题,就需要对中学生的地理空间思维进行科学的测评。与问卷、访谈等方法相比,测试法可以对学生进行较大样本的抽样检测,且数据较为客观,有利于科学认识中学生地理空间思维的现实状况。

因此,本章主要介绍地理空间思维测评的测试试题命制、数据分析与诊断、相关结论与启示,为后续有针对性地进行地理空间思维培育的探索提供依据。

第一节　中学生地理空间思维测评试题的开发

一、地理空间思维测评诊断的目的

了解学生的空间思维发展水平才能因材施教,构建科学的空间思维学习策略和模型才能更好地培育学生的地理空间思维。因此,建立一套行之有效的地理空间思维测评方法十分必要。

（一）了解中学生地理空间思维能力的现状

通过地理空间思维的测评,科学评估目前中学生地理空间思维发展水平的现状,了解学生的地理空间思维能力,尤其关注不同层次学校的学生以及不同性别学生在地理空间思维测试中表现的差异性,以便因材施教。

（二）诊断中学生地理空间思维能力中的短板

在地理空间思维的概念界定与梳理阶段,界定出八种具体的地理空间思维过程,这是为了更细致精确地描述学生空间思维的内在差异。在地理空间思维测评的具体分析过程中,不仅需要了解学生在整个测评中的综合表现,更要关注学生对这八类空间思维过程的表现差异。哪些地理空间思维是强项？哪些是短板？只有进行了精确的诊断，对于后续地理空间思维培育的研究才有更为确凿的价值。

（三）为中学地理教育教学提供重要参考

地理空间思维是地理素养培育中不可或缺的内容，也是最具有地理学科特性的思维。然而，长期以来的地理教学，已经形成以知识体系为基本架构的教学路径，对地理空间思维培育的关注往往是零星的、破碎的、边缘的，甚至是可有可无的。近年来，随着教育改革的深入和地理学科核心素养的提出，对地理思维能力的关注正改变着我们传统的地理学科教育观念。

目前对地理空间思维进行系统性研究的著述不多，深度不够，以拿来主义为主，未能就如何在现行的地理课程框架内培育地理空间思维进行理论建构。因此，对于学生地理空间思维的测评，可以为地理课堂的转型，尤其是如何培育地理空间思维这一议题，提供强有力的基础支撑，提升研究的针对性和有效性。

二、地理空间思维测评试题的命制

（一）地理空间思维测评的文献研究

段玉山基于地理核心素养，对区域认知的测评进行了具体研究。认为区域认知的基本内涵是指人们运用空间—区域的观点和方法认识地理环境的思维品质和能力，具体包括划区意识、认识区域本身、评价区域开发三个构成维度。认知区域本身又可以进一步划分为四级表现水平，体现了学生空间认知的基本路径与特征。

徐志梅、袁孝亭将空间能力分解为地理空间知觉能力、地理空间思维能力和地理空间想象能力，并对测试结果进行项目分析和信效度评估。徐志梅、唐永强对美国高中的地理空间思维模型进行研究，引用了位置、尺度、运动、格局等空间要素，以及空间转化、空间推理、空间预测、空间比较、空间解构等空间思维过程。李娟对地理空间思维的分类、评价方法进行了理论和实证研究。蒋连飞的空间思维能力评测试题，凸显了对地理空间思维的考查，对本研究试题的命制与组卷具有很大的借鉴意义。

对中学生地理空间思维的评估多采用测试的方式开展。通过文献研究,发现目前空间思维测评的相关文献有限,试卷和试题呈现两大特点。

第一,地理性不强,学科特质不显著。研究发现,有部分测试题虽然空间特性比较显著,但地理学科特性比较弱,更多地属于数学学科的几何范畴,体现了纯几何空间的思维。如图3-1所示试题,要求测试者在四张图形中,找出与图例图形不同的一个。

图例　　1　　2　　3　　4　　5　　6　　7　　8

图3-1　几何图形类的空间思维测试题

第二,试题对空间思维考查的独立性不足,解题过程需要动用地理知识或地理原理。研究发现,部分地理空间思维测评题的信度有偏差。一类是在考查学生地理空间思维的过程中,还需要调动相关的地理知识,否则就无法完成试题的解答。如下所示:

[例题]在某城市主街道($40°43'N$)可看到的旭日或夕阳位于街道正中间的景象。这种"悬日"景观的出现其实是自然与人工建筑的搭配。图3-2显示的是该街道某年12月5日的日出"悬日"景象,说明图示街道的走向为(　　)。

A. 东南—西北走向

B. 东北—西南走向

C. 南—北走向

图3-2　"悬日"景象

D. 东—西走向

要正确解答"悬日"问题,就要对日出日落方位有基本的认识。而日出日落方位则需要调用学生的地理知识储备,仅仅依靠材料提供的数据,无法纯粹地依靠空间思维过程完成试题解答。

另一类试题则是对于有地理知识储备的学生,可以不依靠空间思维过程完

成题目的解答,因此也会造成地理空间思维测评的效度下降。如下所示:

[例题]太阳直射就是指太阳入射光线与地平面成直角,即太阳高度为90°。图3-3为太阳直射点南北移动的示意图。以下各地的竖直水井内,一年中有两次阳光可以照射井底的是( )。

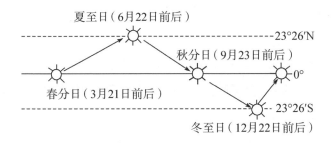

图3-3 太阳直射点的移动规律

A. 阿斯旺(23°26′N)　　　　B. 上海(31°N)

C. 悉尼(34°S)　　　　　　D. 海口(20°N)

上题虽然给出了太阳直射的定义和太阳直射点南北移动的规律示意图,理论上根据空间思维的逻辑推演,能找到一年中有两次阳光可以照射井底的正确答案。但是,对于已经掌握了地球公转知识的学生,尤其是对太阳直射点、太阳高度等地理概念以及太阳直射点南北移动规律有所了解的学生,不需要进行空间思维的推演,直接根据已学的规律就可以得出结论。因此,这道题目的考查具有双重可能性,在学生实际做题过程中,考查地理空间思维还是考查地理原理规律的运用,就很难加以区分。

(二)地理空间思维的分解

要确保地理空间思维测评题命制的科学性,首先要对地理空间思维进行概念梳理,对地理空间思维的内涵进行挖掘,对地理空间思维的具体思维过程进行分解细化,再依据不同的思维过程特征进行命题。

本书的第一章对地理空间概念进行了系统的界定。地理空间概念是在地理空间知觉的基础上,对地理事象空间特征的抽象与概括。综合相关研究成果,分为六大空间属性,即方位、尺度、距离、形态、关系和过程,亦称空间要素。

地理空间思维是指通过感知、想象、联系、比较等思维方法理解空间概念或空间规律,并加以逻辑运思和可视化表达,以解决地理问题的认知过程,是一种综合的、复杂的、立体性的思维方式。综合相关研究成果,确立了八种地理空间思维,包括空间定位思维、空间计算思维、空间转换思维、空间解构思维、空间建构思维、空间类比思维、空间关联思维、空间叠合思维。这些空间思维过程不是独立的,而是综合的、相互的,在一个具体的环境或问题解决中,可以涉及多种地理空间思维过程。

（三）试题命制的原则和要求

根据地理空间思维测评的目标指向,结合地理空间思维的八大类型,提出了试题命制的原则与要求。

1. 彰显地理的学科特性

地理空间思维与数学学科的空间思维有很大差异,在命题过程中要凸显地理学科的特性。那么,地理学科的特性在空间思维试题的命制中如何体现呢?主要从以下三个方面着力体现。

一是具有方位特征。地理空间思维的试题,与单纯的空间思维测评题的最大差异是具有方位属性。方位,是地理空间最重要的属性。试题中没有标注方位的,则默认为上北下南、左西右东;若标注方位的,则根据方位进行判读。

二是具有地理要素的综合性。地理空间思维测评中的图形图像系统,不是单纯的点线面的集合,而是点线面与地理要素的集合。没有地理要素的空间不是真正的地理空间,这些地理空间要素包括区片地名、道路、相关数值等信息。

三是具有真实性。地理空间思维的试题,不是假想的空间结构、空间图示、空间过程,其试题的素材来源于对真实现实问题的体现、改编或重建,与实际生产生活密切相关,而不是杜撰的试题。

遵循以上三大特征进行命题,就能体现出试题的地理学科特性。

2. 试题考查指向的排他性

测评卷在命制过程中,要尽可能凸显对空间思维特质的考查。地理空间思维强调的是在具体地理环境中的空间认知与相关思维过程。但是,通过对试题的研究发现,不少试题虽然体现了空间思维,但同时又需要借助一定的地理本体知识。更有一些试题,通过较好的地理本体知识的学习,甚至可以替代或弥补空间思维的不足而同样达成目标。为了确保测试能更好地反馈学生的空间思维能力，应该尽可能选用地理本体知识少而空间思维能力要求较高的试题，以提升测评的可靠性。

要实现测评指向的唯一性，就需要尽可能排除诸如知识本体和其他思维的干扰。这是非常困难的。我们通过试题的研发测试，界定了试题命制中的一系列要求，以尽可能少的地理本体知识来完成地理空间思维能力的测评甄别。对此，在测评研制中，笔者团队找到了一条平衡两者关系的方法，具体来说包括以下三点。

（1）地图等空间图形根据指向标方向定位，没有指向标的，遵循"上北下南、左西右东"的规则判断方位。

（2）等值线是将数值相等的各点连成的平滑曲线，可以勾画出制图对象的空间结构和变化特征，如气温、地形的高低变化以及变化的剧烈程度。常见的等值线有等温线、等高线和等压线等。

（3）对于一些地理原理或概念，在试题中进行充分的说明解析，提供解题的"工具"，或是在不影响科学性的前提下，用通俗易懂的语言替换地理专用术语。

3. 保障不同空间思维类型试题的均衡

测评的核心是保证测试的真实有效，为科学进行空间思维培育提供基础支撑。因此，在测评卷组卷的过程中，要综合平衡不同类型的空间思维，做到全面反映。在试题的编制选择中，要将反映不同空间要素、不同地理空间思维的典型题在测试题中均有所体现，以便全面、综合地考查学生的地理空间思维。尤其是根据不同地理空间思维的定义，确保每一道试题都能较为精确地刻画某一种空间思维类型。对于一道试题同时反映两种及以上的空间思维过程的，要避免选择，以免在统计分析中出现难以区分的情况。

4. 控制好试题的难易梯度

测评同一类地理空间思维时，由于涉及不同地理要素的组合，以及地理空间信息和现实情境的复杂程度不同，地理空间思维的难度就会有所差异，客观上会造成试题难易程度的差异。为了解决不同类型的地理思维在命题时因为难度差异导致的测评失准的问题，应采取同一种地理空间思维命制一组试题的方式。

同类地理空间思维的一组试题中,应该包含不同地理空间要素的组合,复杂程度也应有一定梯度,使得该组试题中呈现出难易的梯度变化,以确保试题在保证覆盖率的基础上的难度平衡,保证测评的可靠性。

（四）试题的组成结构

为了让试题具有客观性且测度性好,结合目前已有的国内外相关测评试卷的体例,全卷采用选择题形式。

根据初中和高中学段不同学生测试时间的适应性,控制好测试的容量。高中学段选取 25 题进行组卷,测试时间控制在 40 分钟;初中学段选取 20 题进行组卷,测试时间控制在 30 分钟。同时,以试卷说明的形式说明本次测评的作用和目标指向,避免学生产生考试的抵触情绪或懈怠思想,以减少学生的负面情绪,确保测评成绩的准确性。

为了全面覆盖不同的思维类型,高中组命题要求不同思维类型下命制 3—4 题,初中组命题要求不同思维类型下命制 2—3 题,并且不同思维过程尽可能包含不同的空间要素。

（五）试题的研制

地理空间思维测试的试题来源,包括相关研究中的现成试题,以及在此基础上根据空间思维的过程和属性需求改编和原创了部分试题。之所以在相关研究成果中选择试题,主要考虑的原因有两点:一是相关试题已经经过了研究者的初步测评,具有一定的可靠性;二是部分试题经过效度和信度检验,科学性较强。

通过对现有样卷的统计发现,上述试卷中,空间解构的试题最多,为 6 题;其次是空间定位与空间转换的试题,各 4 题;空间关联的试题最少,仅 1 题。同类思维试题的多少,与该地理空间思维内涵的丰富性及难易梯度有关。

试题研发的具体操作方式是:分析样卷试题,对具有单一思维类型指向的典型试题进行仿制和改编,形成同类试题或对照组试题,并对地理空间思维的试题进行甄选,淘汰不符合命制原则的试题;在此基础上,按照地理空间思维类型对上述试题进行分组,对试题难度进行排序;在组卷阶段,按命题数量选取同一类型的试题,尽可能保证同一类型试题中覆盖不同地理要素,同时确保该组试题的难易程度具有一定梯度。

（六）试题赋分方式

地理空间思维测评采用梯级赋分方法，目的是改变非对即错的赋分方式，通过比较与最佳答案的接近性进行梯级评分。赋分标准如下。

高中组测试卷由 25 道试题组成，每题 4 分，共计 100 分。采用特尔菲法，对每道题的选项进行赋分。根据答案的接近性，可以赋予 4、2、1、0 四个等级的分值。赋分专家也可以根据情况，决定跳跃某一等第，或给予不止一个选项相同的等第，但每题必须有 4 分和 0 分选项，且 4 分选项仅有一项。

初中组测试卷由 20 道试题组成，每题 5 分，共计 100 分。采用特尔菲法，对每道题的选项进行赋分。根据答案的接近性，可以赋予 5、3、1、0 四个等级的分值。赋分专家也可以根据情况，决定跳跃某一等第，或给予不止一个选项相同的等第，但每题必须有 5 分和 0 分选项，且 5 分选项仅有一项。

三、典型试题说明

以下对每种空间思维类型的典型试题进行列举说明。

（一）空间定位

【例题】上海晴朗的夜间，面向正南方抬头仰望星空，看到天空中的月亮如图 3-4 所示。其月球亮面凸出的方向是（　　）。

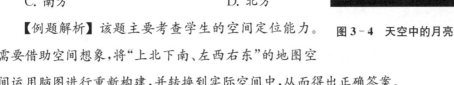

A. 东方　　　　　　　　B. 西方

C. 南方　　　　　　　　D. 北方

图 3-4　天空中的月亮

【例题解析】该题主要考查学生的空间定位能力。需要借助空间想象，将"上北下南、左西右东"的地图空间运用脑图进行重新构建，并转换到实际空间中，从而得出正确答案。

根据空间思维的梯度赋分方式，正确答案"西方"赋 4 分；由于面向南方，说明月面方向是与观测者视线相垂直的方向，因此选择"东方"比"南方"和"北方"更具有合理性，故赋 2 分；由于观测者面向南方，故月面不可能向南方凸出，故选择"南方"为最不合理的答案，赋 0 分；学生有可能认为自己既然能看到月相，说明亮面向北，故选择"北方"赋 1 分。

（二）空间计算

【例题】图3-5是小明去某地野外考察绘制的简易示意图，那么甲、乙两地的垂直距离为（　　）。

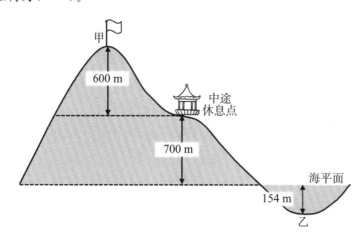

图3-5　野外地形示意图

A. 1146 m　　　　B. 1454 m　　　　C. 1300 m　　　　D. 854 m

【例题解析】该题主要考查学生的空间计算能力。与一般的水平方向上的空间计算不同，该题考查了垂直方向的距离关系。由于计算数值具有绝对性，因此除了正确答案赋满分外，其余答案均赋0分。

（三）空间关联

【例题】当较冷空气经过较暖的水体上方时，水体中蒸发的水汽会遇冷凝结，并形成降水。以下北半球某大型湖泊周边四个位置中，此类降水最为显著的地点是（在"□"中打钩）：

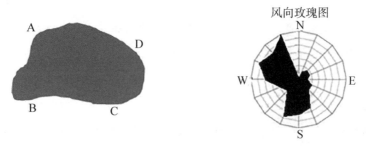

图3-6　北半球某大型湖泊

□A　　　　　　　□B　　　　　　　□C　　　　　　　□D

【例题解析】该题主要考查学生对不同地理要素之间的逻辑关系的推演能力。解题的核心在于将概念充分理解，在此基础上根据风向图判断湖泊四周最主要的迎风岸位置。由于是北半球，根据风向玫瑰图所示，西北风为冷空气主要的通道，故C处为主要发生降水的地区，赋分4分；A处完全与思维过程相反，赋0分；B处从整体看仍然属于湖区的南岸，在真实情况下，也是冷空气途经湖区后可能形成降水的地区，但由于没有C处具有典型性，故赋2分；D处冬季受湖区影响降水的概率更小，赋1分。

（四）空间转换

【例题】图3-7为某山地的三维立体图，若将该三维立体图转换成二维等高线地形图，最可能是图3-8中的哪一个平面图？（在"□"中打钩）

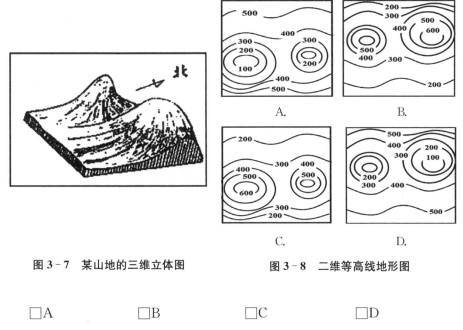

图3-7 某山地的三维立体图　　图3-8 二维等高线地形图

□A　　　　□B　　　　□C　　　　□D

【例题解析】该题主要考查学生对不同地理空间表达的转换能力，是地理空间思维的重要过程。解题的核心在于三维立体图中地形景观的形态特征与方位特征的综合利用。根据选项可知，四幅图全部为上为正北，故主要观察三维地形中形态特征与二维等高线地形图的匹配性。根据等高线的定义，可以推导出陡坡与缓坡的等高线特征，故主要的判断观察点应该集中在南北坡陡缓的差异，以及两个山峰高度的数值差异上。据此判断,选项 B 赋 4 分;选项 C 南北坡的陡缓差异判断错误,但基本把握了山峰的特征,故赋 2 分;选项 D 体现了三维图中对应的等高线疏密变化,但完全忽视了数值高低所代表的含义,赋 1 分;选项 A 既出现了方位判断错误,又出现了数值倒置问题,故选项完全错误,赋 0 分。

(五) 空间解构

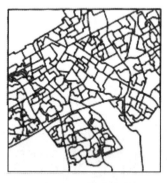

图 3-9 某地地图

【例题】现实世界的对象在地图中可以用点、线(弧)、面(多边形)等来表示。图 3-9 最有可能表示的对象是(　　)。

A. 湖泊　　　　　　　B. 道路

C. 房屋　　　　　　　D. 居民区

【例题解析】该题主要考查学生对于空间点线面地理信息的提取概括能力和空间想象能力。鉴于图形整体体现的是线状符号系统,故最能体现的地理信息应该是线形的道路网络结构,故答案选 B,赋 4 分;由于道路之间的空白区域可能为居民区域所覆盖填充,考生如果没有将观察视角放在线状信息上,而是关注了线条之间构成的形态之中,则可能认为更像是城镇中的居民区,故选 D 项,赋 2 分;如果选择 C 房屋,则说明学生也存在类似 D 的思考,但缺乏空间尺度的观念,故赋 1 分;由于湖泊是面状体,且湖泊的岸线主要为自然弯曲的弧线,而不是折线,故 A 选项"湖泊"不得分。

(六) 空间建构

【例题】在乡村振兴计划中,某行政村拟修建的村史馆和培训中心分别位于该村西南部和东北部。该村东西宽 2 km,南北长 1 km,主干道从南向北穿过,河流自东向西流经该村。与上述信息相符的是(　　)。

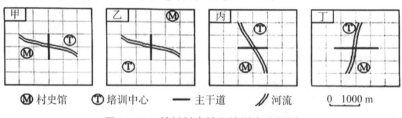

图 3-10 某村村史馆和培训中心规划

A. 甲　　　　　　　B. 乙　　　　　　　C. 丙　　　　　　　D. 丁

【例题解析】该题主要考查学生运用空间思维构建空间结构、关系、图示的过程,与空间解构的思维过程相反。通俗地理解,也就是将文字转化为地理图像系统的过程。根据选项分析可知,甲和丙两图正确判断了村史馆和培训中心的相对位置,但丙图对该行政村的空间形态以及河流道路的信息出现了互换,因此选项 A 赋 4 分,选项 C 赋 1 分;乙图村史馆和培训中心的相互位置出现偏差,但行政村的空间形态,以及道路和河流的走向关系都正确,故选项 B 赋 2 分;选项 D 所有的信息都不正确,故赋 0 分。

（七）空间叠合

【例题】根据以下要求,从候选位置选出确定设立洪水管理设施的最佳位置:(1)距离现有输电线 18 m 范围内;(2)位于海拔 67 m 以下;(3)位于州立公园或公共用地。（在“□”中打钩）

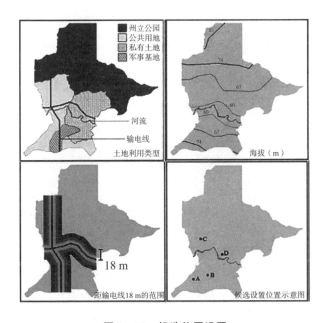

图 3 - 11　候选位置设置

□A　　　　　　　□B　　　　　　　□C　　　　　　　□D

【例题解析】该题主要考查学生将不同的地理空间信息通过空间叠合分析进行决策的过程。该思维过程与数学中的求交集的过程类似,不断缩小范围,最终完成空间的选址工作。分析各个选项可以发现，A 处不符合 18 m 范围的条件，以及处于 67 m 以下的条件；B 处处于军事用地，故不符合；C 处同时满足了三大条件；D 处为私有土地。综合上述情况进行赋分，A 处最不理想，赋 0 分；B 和 D 两处都是土地利用类型不符合，其余两项要求符合，故赋 2 分；C 处最为理想，赋 4 分。该题也提醒学生要关注地图的图例系统。

（八）空间类比

图 3 - 12

【例题】比较图 3 - 12 中甲、乙两个阴影区域在地球表面的实际面积，得出的结论应是（　　）。

A. 甲大于乙　　　　　　B. 甲小于乙

C. 甲、乙相等　　　　　D. 无法判断

【例题解析】该题主要考查学生在地理空间中，对同类地理空间事物进行比较的能力。该题极易通过肉眼主观判读得出甲大于乙的结论，但其实根据地球经纬网划分的特点，地球上每相隔同样的纬度之间的距离相同，但相隔同样的经度之间的距离就有很大差异，呈现赤道往两极递减的特点。故 B 选项正确，赋满分；选项 C 根据跨经纬度相同得出，适度给分；其余选项没有依据，不得分。

四、试卷结构分析

初中和高中试卷分别组卷后，对试题进行了统计分析，各题空间思维与要素的统计见表 3 - 1 和表 3 - 2。

表 3 - 1　初中各题空间思维与要素统计

题号	空间思维	空间要素	题号	空间思维	空间要素
1	空间定位	方位	5	空间类比	关系
2	空间定位	方位	6	空间类比	形态
3	空间计算	距离	7	空间关联	关系
4	空间计算	距离	8	空间关联	关系、过程

（续表）

题号	空间思维	空间要素	题号	空间思维	空间要素
9	空间解构	尺度、形态	15	空间转换	尺度、关系
10	空间解构	形态、关系	16	空间转换	形态、关系
11	空间解构	形态	17	空间转换	形态、关系
12	空间建构	方位、尺度	18	空间叠合	关系、过程
13	空间建构	方位、尺度	19	空间叠合	尺度、关系
14	空间建构	方位、形态	20	空间叠合	形态、关系

表 3 - 2 高中各题空间思维与要素统计

题号	空间思维	空间要素	题号	空间思维	空间要素
1	空间定位	方位	14	空间转换	方位、形态、关系
2	空间定位	方位、形态	15	空间转换	尺度、关系
3	空间定位	方位、距离	16	空间转换	关系
4	空间计算	距离	17	空间转换	形态、关系
5	空间关联	关系、过程	18	空间建构	过程
6	空间解构	形态、关系	19	空间建构	方位、尺度、关系
7	空间解构	尺度、形态	20	空间建构	方位、过程
8	空间计算	距离	21	空间关联	关系、过程
9	空间计算	距离	22	空间关联	方位、形态、过程
10	空间解构	关系	23	空间类比	尺度、距离、形态
11	空间叠合	形态、关系	24	空间类比	尺度、关系、过程
12	空间叠合	形态、关系	25	空间类比	尺度、距离
13	空间叠合	关系、过程			

统计发现，初中试卷和高中试卷的各类地理空间思维的题目数量控制都较为适当，且基本做到了同类空间思维中尽可能纳入不同的地理要素，以体现考查的多样性和覆盖率。

当然，初中组的试卷，同一题中出现的地理要素以单一和两个为主；而高中组试卷试题单一的地理要素较少,多为两个或三个地理要素。地理要素越多,试题的情境越复杂,对地理空间思维考查的难度也相应越高,这也充分体现了初高中不同学段地理空间思维要求上的差异。

上述试卷是在名师基地成员和华东师范大学地理教育研究生研讨分析的基础上,经过一轮测评试验后,又经过一系列的试题优化调整后形成的,具有较强的可操作性和适切性,拥有较高的测试效度。

第二节　中学生地理空间思维测评的数据分析

一、高中生地理空间思维测评的数据分析

(一) 样本综述

对高一新生进行地理空间思维的测评,选取上海市不同类型和层次的学校进行测试,包括市实验性示范性学校、区实验性示范性学校和普通高中,样本总数为1740人,全部为有效试卷,具体见表3-3所示。

表3-3　高中各测试学校的样本分布情况

学校	A	B	C	D	E
样本数量	536	369	375	256	204

(二) 成绩整体分析

考试结束后,对填涂卡进行了成绩提取,对测试情况进行统计与分析。分析统计包括横向分析和纵向分析。横向分析主要了解不同学校的测试情况,纵向分析主要了解不同试题的表现差异。

1. 各测试学校成绩比较

通过对各学校的成绩分析,总样本的均分为70.58分,其中最高均分为C校,最低均分为B校,两者分数差异接近10分,具体见表3-4。

表3-4　高中各测试学校的测试均分

	整体样本	A	B	C	D	E
均分	70.58	71.16	65.31	75.02	68.99	73.39

上述成绩也可以反映出,各校成绩的均分差异与不同层次学校学生能力素养的综合状况大致匹配,显示测试数据与现实状况良好的对应情况。

2. 全样本不同空间思维的成绩比较

通过对各题均分的统计,按8种空间思维类型进行分类汇总,具体见表3-5。25题中,有7种思维的试题数量为3题,总分为12分;空间转换思维的试题数量为4题,总分为16分。为了便于不同空间思维类型的横向比较,统一将分值折算为百分制。

表3-5　高中全样本空间思维的分类比较

空间思维类型	空间定位	空间计算	空间关联	空间解构	空间叠合	空间转换	空间建构	空间类比
平均分	81.73	76.58	50.02	80.53	68.22	74.89	69.95	62.74

比较研究发现,接受测试的学生对各类空间思维在测评中表现出较大的差异。其中,空间定位思维和空间解构思维整体水平较高,都达到了80分以上,属于优良等级;空间关联思维表现得最差,均分仅50分;其次是空间类比思维,得分为62.74,属于次低分。

3. 试卷难度分析

试卷使用通过率来计算题目的难度,数值越大表示题目越简单。所谓通过率,是指满分人数除以总人数的值。每道题目的难度与满分值乘积相加除以试卷的满分值,可以算出全卷的整体难度为0.6208。表3-6为试卷各题的难度情况统计。

表3-6　高中组测试卷各题难度统计

题号	难度	题号	难度	题号	难度	题号	难度
1	0.78	8	0.82	15	0.57	22	0.51
2	0.78	9	0.40	16	0.66	23	0.63
3	0.80	10	0.95	17	0.60	24	0.66
4	0.72	11	0.68	18	0.86	25	0.29
5	0.46	12	0.82	19	0.60		
6	0.54	13	0.25	20	0.58		
7	0.47	14	0.77	21	0.32		

统计发现，各试题中，难度最低的是第10题，难度系数0.95，属于空间解构思维试题；其次为第18题，难度系数为0.86，属于空间建构思维试题。难度最大的是第13题，难度系数为0.25，属于空间叠合思维试题；难度次大的是第25题，难度系数为0.29，属于空间类比思维试题。

将各试题按不同思维类型进行分类汇总，计算得出各空间思维试题的难度系数，具体见表3-7所示。

表3-7　高中组测试卷按空间思维类型的难度统计

空间思维类型	难度	空间思维类型	难度
空间定位	0.79	空间叠合	0.58
空间计算	0.65	空间转换	0.65
空间关联	0.43	空间建构	0.68
空间解构	0.65	空间类比	0.53

统计发现，从空间思维类型的角度分析，难度最大的是空间关联思维，整体难度系数为0.43；其次为空间类比，难度系数为0.53。空间思维类型中，难度最小的是空间定位，难度系数为0.79。多数空间思维的难度维持在0.5—0.7之间。

（三）学校表现差异分析

对高中参加测试的各学校的学生分数段进行统计，以10分为一个分析组，50分以下归入同一个组别，具体见表3-8所示。

表 3－8　高中各学校受试学生的分数段分布统计

人数分布 分数段	A	D	B	E	C
90—99 分	6	4	1	5	9
80—89 分	96	31	22	57	124
70—79 分	211	91	119	83	146
60—69 分	171	92	120	40	79
50—59 分	39	33	84	13	15
50 分以下	13	5	23	6	2

为了客观了解各校学生在不同分数段的数量分布的关系,笔者进一步对数据进行了比较分析,结果如图 3－13 所示。

在 5 所测试学校中,90 分以上比重最高的学校为 C 和 E,两者旗鼓相当,但总体上样本都很少;80 分以上的学生比例最高的依然为 C 和 E,占了 30％—35％;而70—79 分的人数比例,A、C 和 E 均在 40％左右,构成了测试中的主力;60—69 分的分数段中,比例最高的为 D,而 A 和 B 的比例也均超过 30％。60 分以下的受试人群中,比例最低的是 C,为 4.5％;其次为 E 和 A,均不超过 10％;比例最高的为 B。

从整体上看,C 和 E 整体样本分数段靠前,有 70％左右的考生集中在 70 分及以上成绩段;A 和 D 的考生成绩则集中在 60—89 分之间,占比在85％—90％。

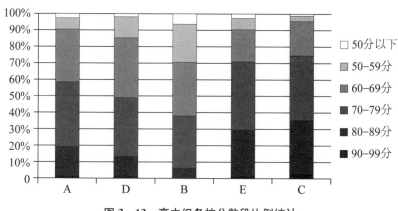

图 3－13　高中组各校分数段比例统计

（四）不同空间思维类型的横向比较

对 5 所测试学校的成绩,按 8 种地理空间思维类型进行分类分析,将空间思维的得分折算到 100 分,以便于横向比较,折算后的分数情况见表 3-9 所示。

表 3-9　高中组按学校划分的 8 种思维类型的比较分析

学校	总分均值	空间定位	空间计算	空间关联	空间解构	空间叠合	空间转换	空间建构	空间类比
A	71.16	80.80	78.96	42.41	77.39	69.56	59.23	81.65	63.53
D	68.99	77.47	75.88	43.42	75.65	69.66	55.61	76.07	64.10
B	65.31	75.81	75.88	41.53	76.36	64.68	68.21	61.18	57.90
E	73.39	89.50	79.41	44.85	76.96	68.95	77.91	77.94	70.10
C	75.02	87.56	83.11	48.20	78.29	74.98	78.95	86.84	61.47

从各种地理空间思维类型的差异上分析,空间定位思维得分 E 最高,B 最低,各学校分数较为分散。空间计算思维除 C 为 83.11 分外,其余各校差异不大,在 75—80 分之间,离差较小。空间关联思维的得分最低,且均在 41—49 分之间,各校之间差异较小。空间解构思维得分在 75—79 分之间,各校离差仅为 3 分。空间叠合思维的得分除 C 为 74.98 分外,其余均在 64—70 分之间。空间转换思维的得分具有显著的组团特征,E 和 C 为第一梯队,均分在 78—79 分之间;B 为独立的第二梯队,均分为 68.21 分;A 和 D 为第三梯队,均分在 55—60 分之间;各校整体均分差异较大。空间建构思维得分最高的 C 为 86.84 分,其次为 A;D 和 E 的成绩在 76—78 分之间;B 的成绩最低,为 61.18 分。空间类比思维的得分除了 E 达到 70 分外,其余均在 57—65 分之间。

从学校来看,C 除了空间定位和空间类比思维外,其余各项地理空间思维的得分均为第一;E 在空间定位和空间类比 2 项中获得第一,其余空间思维类型以第二为主;B 有 6 项空间思维类型位列第五。

通过对 5 所学校 8 个维度的空间思维能力的对比发现,空间定位和空间建构 2 项属于均分高且各校离差较大的思维类型;而空间计算和空间解构属于均分高且离差较小的思维类型;空间转换、空间建构和空间类比的离差较大;空间关联的均分较低,离差较小。具体如图 3 - 14 所示。

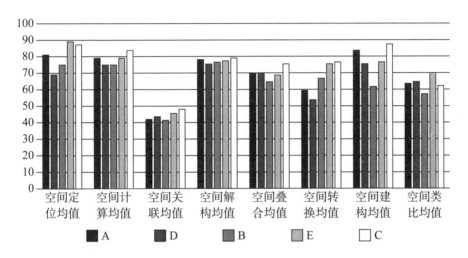

图 3 - 14 高中 5 所学校不同空间思维能力对比

上述结果说明,无论哪种层次的学校学生空间关联的思维能力都比较弱,其次是空间类比思维;而空间计算和空间解构能力,不同学校学生都表现得较好;空间定位、空间转换、空间建构 3 种思维类型,不同学校的学生表现差异较大。

(五)不同空间思维类型表现差异分析

为了进一步了解受试学生在不同地理空间思维的样本分布状况,笔者对各思维类型得分的人数进行了统计分析,结果如图 3 - 15 所示。

通过数据分析发现,各种思维类型的学生表现差异很大。空间定位的分值主要集中在高分段,显示出高集聚性;空间关联、空间叠合和空间类比的分值分布呈现分散型;空间计算、空间解构、空间建构和空间转换则相对集聚在中高分数段。

(六)性别差异分析

对 1740 名学生进行随机抽样,其中男生 285 人,女生 251 人。对上述学生按性别进行测试情况的整体比较分析,具体见表 3 - 10。

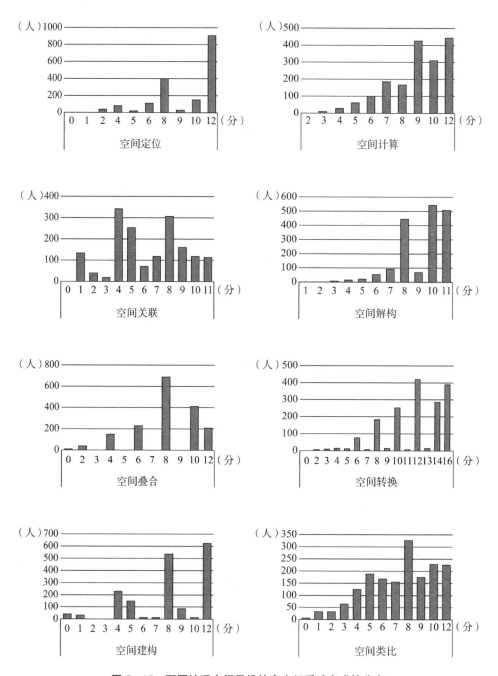

图 3‑15　不同地理空间思维的高中组受试者成绩分布

表 3 - 10　高中测试组不同性别的成绩抽样分析

	样本数量	均分	前 50 名人数	前 100 名人数
男生	285	74.39	41	78
女生	251	70.79	9	22

根据上述抽样分析发现,男女生的地理空间思维存在着显著差异,在均分以及高分段上,都显示出男生具有更为显著的优势。

二、初中生地理空间思维测评的数据分析

(一)样本综述

对预初六年级新生进行地理空间思维的测试,选取上海市不同类型和层次的学校进行测试,样本总数为 563 人,全部为有效试卷,具体见表 3 - 11。

表 3 - 11　初中各测试学校的样本分布情况

学校	F	I	J	K
样本数量	172	80	217	94

(二)成绩整体分析

测试结束后,对填涂卡进行了成绩提取,对测试情况进行统计与分析。分析统计包括横向分析和纵向分析,横向分析主要了解不同学校的测试情况,纵向分析主要了解不同试题的表现差异。

1. 各测试学校成绩比较

通过对各学校的成绩分析,总样本的均分为 75.56 分,其中最高均分为 J,最低均分为 K,两者分数差 10 余分,具体见表 3 - 12。

表 3 - 12　初中各测试学校的测试均分

	整体样本	F	I	J	K
平均分	75.56	77.74	73.09	78.54	68.27

上述成绩也可以反映出,各校成绩的均分差异与不同层次学校学生能力素养的综合状况大致匹配,显示测试数据与现实状况良好的对应情况。

2. 全样本不同空间思维的成绩比较

通过对各题均分的统计,按 8 种空间思维类型进行分类汇总。20 题中,空间定位、空间计算、空间类比、空间关联 4 种思维的试题各为 2 题,总分为 8 分;空间解构、空间建构、空间转换、空间叠合 4 种思维的试题各为 3 题,总分为 12 分。为了便于不同空间思维类型的横向比较,统一将分值折算为百分制,结果见表 3 - 13。

表 3 - 13 初中组全样本空间思维的分类比较

空间思维类型	空间定位	空间计算	空间关联	空间解构	空间叠合	空间转换	空间建构	空间类比
均分	75.13	90.30	76.48	79.31	66.28	77.56	84.10	55.28

比较研究发现,接受测试的学生对各类空间思维在测试中表现出较大的差异。其中,空间计算能力最佳,超过 90 分;其次为空间建构能力,均分超过 80 分。测试中表现最差的为空间类比思维,均分为 55.28 分;次低的为空间叠合思维,均分为 66.28。思维表现最高与最低均值相差 35.02 分。

3. 试卷难度分析

用通过率来计算题目的难度,数值越大表示题目越简单。所谓通过率,是指满分人数除以总人数的值。每道题目的难度与满分值乘积相加除以试卷的满分值,可以算出全卷的整体难度为 0.70,试卷各题的难度情况统计见表 3 - 14。

表 3 - 14 初中组测试卷各题难度统计

题号	难度	题号	难度	题号	难度	题号	难度
1	0.85	6	0.18	11	0.90	16	0.76
2	0.58	7	0.78	12	0.84	17	0.75
3	0.83	8	0.69	13	0.78	18	0.58
4	0.92	9	0.76	14	0.81	19	0.62
5	0.63	10	0.63	15	0.60	20	0.58

统计发现,各试题中难度最小的是第 4 题,难度系数为 0.92,属于空间计算思维试题;其次为第 11 题,难度系数为 0.90,属于空间解构思维试题。难度最大的是第 6 题,难度系数为 0.18,属于空间类比思维试题;难度次大的分别是第 2 题、第 18 题和第 20 题,难度系数为 0.58,均属于空间叠合思维试题。

将各试题按不同思维类型进行分类汇总,计算得出各空间思维试题的难度系数,结果见表 3-15。

表 3-15　初中组测试卷按空间思维类型的难度统计

空间思维类型	难度	空间思维类型	难度
空间定位	0.71	空间叠合	0.69
空间计算	0.88	空间转换	0.70
空间关联	0.73	空间建构	0.81
空间解构	0.76	空间类比	0.40

统计发现,从空间思维类型的角度分析,难度最大的是空间类比思维,整体难度系数为 0.40;其次为空间叠合,难度系数为 0.69。空间思维类型中,难度最小的是空间计算,难度系数为 0.88;其次是空间建构思维,难度系数是 0.81。多数空间思维的难度系数维持在 0.70—0.80。

（三）学校表现差异分析

对初中参加测评的各学校的学生分数段进行统计,以 10 分为一个分析组,50 分以下归入同一个组别,分析结果如图 3-16 所示。

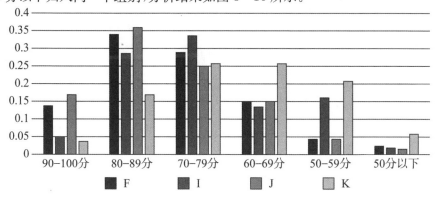

图 3-16　初中组各校分数段比例统计

在 4 所测试学校中,90 分以上比重最高的学校分别是 J 和 F,分别占各校人数的 17％和 14％;80 分以上的学生比例最高的依然为 J 和 F,占了 35％左右;而 70—79 分数段的人数比例,I 最高,接近 35％,构成了测试中的主力;60—69 分的分数段中,比例最高的为 K,比例超过四分之一。60 分以下的受试人群中,比例最低的是 J,为 7％;其次为 F,比例为 7.6％;比例最高的是 K,为 27％。

从整体上看,J 和 F 的整体样本分数段靠前,有 50％左右的学生分数在 80 分以上;I 的表现居中,70—90 分之间的学生占了 63％;K 整体分数在 60—80 分的最多。

（四）不同空间思维类型的横向比较

对 4 所测评学校的成绩,按 8 种地理空间思维类型进行分类分析。将空间思维的得分折算到 100 分,以便于横向比较,折算后的分数情况见表 3-16。

表 3-16 初中组按学校划分的 8 种思维类型的比较分析

学校名称	总分均值	空间定位	空间计算	空间类比	空间关联	空间解构	空间建构	空间转换	空间叠合
F	77.74	74.48	92.67	51.92	81.51	79.19	87.79	82.44	68.49
I	79.09	66.13	91.88	56.63	63.00	78.75	80.42	77.67	65.33
J	78.54	81.47	91.15	56.13	82.07	79.54	88.82	78.06	69.95
K	68.27	69.36	82.66	58.30	65.85	79.50	69.57	67.38	54.54

从各种地理空间思维类型的差异上分析,空间定位思维 J 最高,I 最低,差距 15.34 分,各学校分数较为分散。空间计算思维除 K 为 82.66 分外,其余各校差异不大,均在 91—93 分之间,离差较小,使得空间计算思维的整体得分在 8 类空间思维中最高。空间类比思维的整体得分最低,且均在 51—59 分之间,各校之间差异较小。空间关联思维得分显示出明显的两极分化特征,F 和 J 的均分都在 80 分以上,而 I 和 K 的均分在 65 分左右,两个梯队的均分相差将近 20 分。空间解构思维的得分最为均衡,在 78—80 分之间。空间建构思维的得分具有显著的组团特征,F 和 J 为第一梯队,均分在 87—89 分;I 为独立的第二梯队,均分为 80.42 分;K 为第三梯队,均分接近 70 分。空间建构思维整体均分差异较大。空间转换思维得分最高的是 F,为 82.44 分,其次为 I 和 J,均分在 78 左右;K 的

均分为 67.38 分。空间转换思维整体校际离差为 15 分。空间叠合思维的得分除了 K 为 54.54 分外,均在 65—70 分之间。

从学校来看,F 和 J 的成绩旗鼓相当,F 在空间计算和空间转换中夺得第一,而 J 在空间定位、空间关联、空间建构和空间叠合中表现出色。K 在表现最薄弱的空间类比思维中,是 4 所学校中均分最高的。

通过对 4 所学校 8 个维度的空间思维能力的对比,发现:空间解构思维 4 所学校表现惊人一致,无显著差异,且均分接近 80 分,整体情况良好;空间计算思维整体分值较高,均在 80 分以上;空间类比思维的表现整体薄弱,均在 60 分以下;其次薄弱的为空间叠合思维,均分集中在 60—70 分上下,离差不大;空间定位思维、空间关联思维、空间建构思维和空间转换思维的均分居中,且各校离差较大。

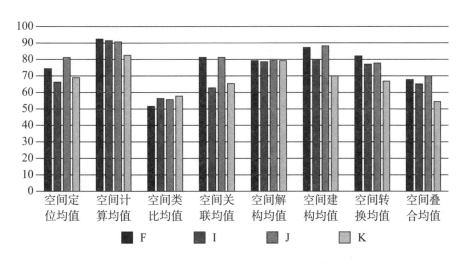

图 3‑17　初中四校不同地理空间思维得分

综上所述,无论哪种层次的学校学生,空间类比思维能力都比较弱,其次是空间叠合思维;而空间计算和空间解构能力,不同学校学生都表现得较好;空间定位、空间转换、空间建构、空间关联 4 类思维,不同学校的学生表现差异较大。

(五) 不同空间思维类型表现差异分析

为进一步了解受试学生在不同地理空间思维的样本分布状况,笔者对各思维类型得分的人数进行了统计分析,结果如图 3‑18 所示。

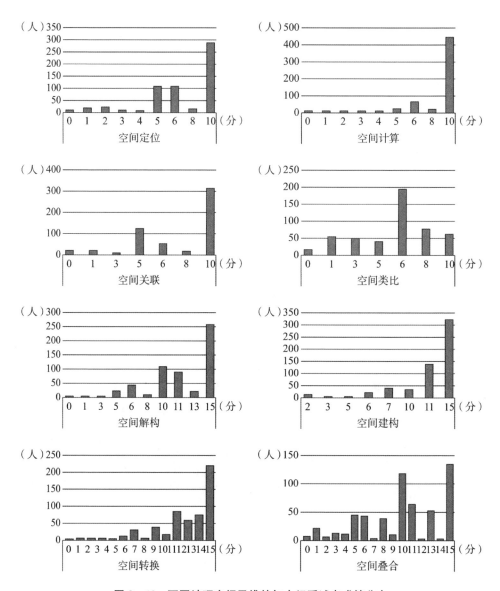

图 3-18　不同地理空间思维的初中组受试者成绩分布

　　上述数据分析发现,各种思维类型的学生表现差异很大。空间计算和空间建构的分值主要集中在高分段,显示出高集聚性;空间叠合和空间类比的分值分布呈现分散型;空间定位、空间关联、空间解构和空间转换 4 类则相对集聚在中高分数段。

第三节　中学生地理空间测评的结论与建议

一、地理空间思维测评的基本结论

通过地理空间思维测评,得出以下基本结论。

(一)中学生地理空间思维水平有待提升

地理空间思维测评较好地反映了不同学校学生地理空间思维的差异。各学校高一年级和预初年级的测评均分与学校整体生源的质量基本匹配,说明整体学习能力和基本素养较好的学生,地理空间思维能力也较为优秀。

虽然高中 5 所学校、初中 4 所学校的差异均较大,但本次测试学校均分的最高分与最低分差异仅 10 分左右,说明不同层次的学生虽然空间思维能力有差异,但差异不大。同时,高中均分最高 75.02 分、初中均分最高 78.54 分,也说明即便是最优秀的学校,学生整体的地理空间思维水平仍然有很大的提升空间,彰显出地理教育教学中培育地理空间思维的重要性。

(二)空间类比和空间关联思维能力普遍薄弱

通过对不同地理空间思维的比较分析,发现学生不同的地理空间思维呈现显著差异。其中,地理空间定位思维和空间解构思维的分值较高,思维能力较强;而空间类比思维和空间关联思维整体测试样本均显示能力薄弱。以高中测试样本为例,分值最高的空间定位思维的得分为 81.73 分,分值最低的空间关联思维得分仅为 50.02 分,两者相差达到 30 多分,差异显著。初中样本的不同思维离差比高中小一些,为 20 分。

从试题的难度上可以看出,高中组地理空间定位思维的难度为 0.79、地理空间关联思维的难度为 0.43,初中组地理空间计算思维的难度为 0.88、地理空间类比思维的难度为 0.40,由此印证了学生在不同领域空间思维表现的差异。

(三)不同地理空间思维类型的内部离差不同

对全样本不同地理空间思维学生的分数分布进行深入研究发现,学生受试群体表现差异很大。

1. 高中学生空间转换和空间建构思维的表现差异大

以高中测试组为例,地理空间定位思维具有显著的高分集聚特征,满分集聚度接近70%;而空间计算和空间解构的聚集分数段也位于中高分数段。其余空间思维分数分布呈现离散化特征,空间关联思维呈现正态分布特征。

对高中5所测试学校的分数离差进行分析。其中,地理空间解构思维的校际离差仅2.5分,空间关联和空间计算的校际离差分别为6分和7分,都小于校际均分的最大离差。而空间转换和空间建构的校际离差最为显著,分别达到了20分和26分。

2. 初中学生空间关联和空间建构思维的表现差异大

初中测试组学生群体成绩分异也具有类似的特征。其中,地理空间计算思维具有显著的高集聚特征,满分集聚度接近80%。而空间转换、空间建构、空间定位思维的分数也聚集在中高分数段。地理空间类比思维的成绩具有正态分布的特点,其余空间思维分数的分布呈现分散特征。

对初中4所测试学校的分数离差进行分析。其中,地理空间解构思维的离差不到1分,其次是地理空间类比思维,离差为6分;而地理空间关联思维和地理空间建构思维的分数离差较大,将近20分;其他空间思维类型的离差在10—15分左右。

综合上述分析,可以将不同地理空间思维分为三类。第一类是得分低且整体离差较小的,如高中组的空间关联和初中组的空间类比,说明学生该类地理空间思维的能力普遍薄弱;第二类是均分居中,但离差较大的,如空间解构、空间叠合、空间转换等思维,说明不同学生在该类空间思维上的表现差异很大;第三类是分数高且离差较小的,如高中组的空间解构和初中组的空间计算,说明不同学生在该类空间思维上的表现均比较优秀。

(四)不同性别的学生在测试中的表现差异显著

根据抽样数据的分析统计发现,无论是男生均分还是高分段男生比重,较女生都显示出较强的群体优势度,说明男生和女生在地理空间思维方式和能力上有所差异。

二、地理空间思维测评的误差分析

结合数据分析统计,本次地理空间思维测评的试卷整体上具有较高的信度和分析价值,但仍然可能存在一些原因造成成绩误差。

(一) 难度控制的不一致

不同的地理空间思维,对学生的思维要求不同,表现在难度上也有很大差异,导致学生测试的得分率不同。由于同一类型的试题由 3—4 题组成,各题之间难度的梯度差异以及考查点的差异,也会造成实际测试成绩的偏离。

另外,初中与高中试题的难度控制也可能存在差异,可能会导致同一类空间思维的测试结果在初中组和高中组呈现不同特征。例如,初中组最好和最差的地理空间思维和高中组并不一致,就可能与上述因素有关。

从同一类型空间思维的试题数量上看,高中组普遍对应 3—4 题,而初中组为 2—3 题。一般而言,针对同一知识或能力指向的试题越多,越能真实反映学生的实际情况,可能造成的离差越小。因此,高中组试题的信度较初中组略高。

(二) 阅读能力的差异

本测试卷虽然已经力争在命题时做了地理知识干扰的排他性设计,也给出了一些地理基础技能、知识和概念的定义,以减少地理本体知识对思维测评的干扰。但是仍然在测试中难以剔除图像、文字解读能力以及地理本体知识对测试结果的干扰。不同基础素养的学生,其审题能力、读图能力(信息提取能力)不同,会造成对测试成绩的影响。而地理本体知识对测试结果的影响虽然尽可能在试题设计中予以削弱,但仍无法绝对避免。

阅读能力的差异导致的成绩偏离可能对初中组的影响较高中组更大、更显著。由于初中年龄女生的阅读能力普遍较男生强,故初中组测试结果中,性别差异对测试结果的影响并不显著。

(三) 受试样本的局限

虽然高中的样本有 1000 多例,初中也有 500 多例。但是,由于受试学生普遍来自上海市中位线及以上层次学校,整体水平较高,可能推高了本次测试的成绩。尤其是样本中,优秀学校的学生参与数量远高于普通类学校,受样本影响可能更加显著。

三、地理空间思维测评结果的诊断分析

根据地理空间思维测评的结果,对相关的原因进行诊断分析,大致包括以下三个方面。

(一) 两点一线的学习生活,制约了对空间环境的认知

鉴于当前教育的状况,学生普遍面临着繁重的学业压力,平时家庭生活中,家长对学生关爱有加,因此学生的认知空间被严重限制在学校和家庭之间,两点一线的单一环境及家庭无缝对接的接送,严重制约了学生对空间环境的体验和认知。

根据对某校学生意象地图测试的结果分析,70%以上的学生只能画出自己的社区或者学校的平面示意图,有接近20%的学生能够完整画出自己居住地到学校的空间示意图,只有不到10%的学生能够画出上海甚至更大范围的空间地图。同时,对这部分不到10%的学生进行调研发现,这些学生对地理学习普遍很感兴趣,平时喜欢阅读地图,并且喜欢外出活动,对上海比较了解。

(二) 目前的地理课程缺乏对地理空间思维系统的培育

对于六年级学生而言,由于在之前的学习经历中缺乏地理学科的教学,因此对于空间的认知非常匮乏,主要属于日常生活的经验积累,对学生地理空间思维的系统培养几乎是空白的。而对于高一新生而言,由于初中学段的地理教学主要集中在六、七年级,出现了两个学年的空窗期,学生地理知识和技能的遗忘率高。加之目前初中地理属于开卷考试,可以使用地图册辅助考试,学生对地理学科的学习不重视,对地理空间思维的培育产生了负面影响。而目前的地理学科教学,仍然是以学科知识体系进行教学内容构建,缺乏对地理空间思维的系统性培育。上述多种因素叠加,导致高一学生对初中地理学习的延续性不够,甚至出现了断裂,无法实现有效迭代发展。

(三) 男女学生在空间思维能力上的差异

地理空间思维也具有显著的性别分异。男生在空间定位、空间叠合、空间转

换、空间建构等领域的表现显著优于女生,仅在空间解构和空间关联上差异不大,而这两项恰恰对阅读理解的能力、文字表述的准确性有较高的要求。

四、地理空间思维测评结果的启示与建议

通过对地理空间思维测评的相关结果及其原因进行分析发现,要增强中学生的地理空间思维,就要加强对地理空间思维的系统培育,形成一套行之有效的培育模式、方法和路径。

(一) 梳理地理教材,渗透地理空间思维培育

从地理教学的现状来看,课堂教学依然是地理学科教学的主阵地,因此要注重地理课堂教学中对地理空间思维的渗透培育。

随着地理新课标的实施,地理核心素养的教学理念已经深入人心,虽然地理核心素养中并没有专门提出空间思维,但地理教学的主轴从以知识传授为主已经转向以思维能力培育为主。

为了在地理空间思维的培育中更具有针对性,笔者对教材中的内容进行了梳理,对与地理空间思维培育有关的知识进行排摸,充分体现8种地理空间思维的学习,形成地理空间思维的完整培育体系。

(二) 课堂教学中注重地图、教具学具、地理信息技术的应用

由于广泛而频繁的地理野外考察等实践活动受到诸多限制,因此教师应该立足课堂教学,注重教学内容的"立体化"呈现。

首先,应该加强地图阅读能力的训练,尤其是关注地理空间方位、尺度、形态等空间要素在地图上的呈现与判读,进而促进学生将地图空间与现实空间进行空间要素整合与关联,促进空间转换思维的培育。

其次,通过研发教具与学具,在地理课堂教学中增加演示实验和学生自主实验探究的内容,利用具身学习理论,促进学生对地理空间过程、空间规律、空间原理的认知与学习,进而促进地理空间思维的培育。

再次,可以充分借助地理信息技术,辅助课堂教学,通过地理软件界面进行空间虚拟化表达,将空间形态、空间要素、空间过程等内容借助地理信息载体进行呈现,从而实现直观表达,进而通过分析、计算,最终辅助空间决策和空间认

知,实现对学生空间思维的培育。

（三）加强地理实践,在真实环境中培育空间思维

鉴于多数学生面临平时两点一线枯燥的学习生活所带来的活动空间受限问题,应该充分以地理实践力培育为抓手,将自己置身于真实空间中进行地理知识的构建,进而形成良好的空间认知能力、定位能力和转换能力,从而促进地理空间思维整体水平的提升。

通过抽样调查发现,男生较女生的地理空间思维能力更具有优势。根据受试学校的长期跟踪数据显示,学校所开设的地理实践类社团,自主报名的男生常年占据社团总人数的三分之二到五分之四,说明男生较女生更喜欢对真实的地理空间进行实践。通过实践,将自己置身于真实的环境中认识世界,从而实现将真实世界的空间信息通过脑思维转化为脑图,与地图空间信息不断进行匹配和纠正,在这种反复过程中有效促进地理空间思维的形成和提升。

（四）根据学生地理空间思维的差异进行教学

结合地理空间思维测评的结果,对不同类型的地理空间思维进行差异化培育。

测评显示地理空间类比思维和地理空间关联思维在测评总体样本中都显示较为薄弱,应该重视对空间类比思维和空间关联思维的培育,提升对空间图形、地图、图像系统的比较能力、逻辑推理和判断能力。

测评显示地理空间转换思维和地理空间建构思维在测评总体样本中显示学生表现离差较大,应该加强对这两类空间思维的分层培育,构建不同层次学生差异化学习方式,实现不同层次学生的高效教学。

（五）关注不同性别空间认知习惯的研究

鉴于男女生地理空间思维水平的差异,应该加强对不同性别空间认知习惯和特征的研究,在教学中要关注男女生不同的空间思维方式,有针对性地进行培育,突出以人为本,构建适用于女生的空间思维培育模式,有效改善女生地理空间能力水平相对薄弱的现状。

　　以中学生地理空间思维测评为目标,编制地理空间思维测试卷。通过代表不同思维类型的典型试题来反映学生空间思维的特征。基于初中和高中不同学校参试学生的表现,分析诊断导致学生表现差异的原因,并提出相应的教学建议。

第四章

课堂教学中具身场域的营造与应用

在地理实践力的培养中,身体的感受状态和感受情况决定了认知的形成和认知结构的建构。具身认知所主张的建构,是指身体与环境的嵌入耦合,在身心融合过程中包含了心智嵌入大脑、大脑嵌入身体、身体嵌入环境的多种内嵌。地理空间思维的建构主要体现在三个过程:第一,空间感知的获得,建构对地理空间现象的感性认识;第二,通过空间表征,使感性认识上升为理性认识,形成抽象思维,建构地理空间现象的抽象概念;第三,空间能力的实践应用,即通过空间推理分析实际问题。通过三维与二维空间的灵活转换,具体与抽象的灵活沟通,建构地理空间思维能力。

虽然我们的身体时时刻刻都处于一定的真实空间中,但真实空间是复杂的、动态的、不可见的,对于学生来说,是深处其中不自知的、身体体验不显性的、空间结构不明确的,是缺少了身体多感官体验、感知、互动与合作的,学生很难获得空间感知并进行空间转换和空间推理。在实际教学中,也有教师把地理空间思维能力简单地等同于读图技能,认为地图教学就是地理空间思维的教学,对培养学生地理空间思维缺少着力点、突破口、脚手架,地理空间教学是很多教师不敢触碰但又无法回避的痛点和难点。

"场域"(Field)是实践社会学中的一个重要概念,被定义为在各种位置之间存在的客观关系的一个网络。将"场域"概念迁移应用到教育中,则是强调了以人的培养、形成、发展和提升为旨归的多元主体间的关系网络。以地理学科为例,"具身场域"是指借助一定的手段或工具将真实的不良情境进行结构化再造,通过要素筛选和空间优化,使学生身体与环境产生互动形成具身体验,形成了以学习者为中心,与工具、资源、目标、活动等要素之间构建的关系网络。学习者建立起身体感官对地理环境体验感知的个性化空间,形成"信息—处理—反馈"的基本循环,完成学科知识概念认知的解构、建构及概念的变构、创构。

具身场域是通过教师提供具身工具和设计具身活动构建起来的。具身工具是教学用具,包括视频、图片、学生身体、学具、实验器材、信息技术等,学生利用工具与地理空间产生互动。具身活动是教师设计的认知情境与任务、问题,包括身体要素、环境要素、活动要素及各要素的交互,使学生在活动中达到与教学空间的融合,实现"物我合一"。依据身体主体与环境的互动程度,从具身感知与形象思维的角度,把具身场域分为实感具身场域、实境具身场域和虚拟具身场域,并在具身场域的基础上形成心象图。

第一节　实感具身场域的营造

一、实感具身与地理空间思维

实感具身,即学生在真实环境中体验和感知地理现象的具身认知过程。具身场域中最普遍存在的就是真实场景,在真实环境中与地理环境融合,身体与环境或事物直接接触,嵌入到真实场景中,身体直接参与空间感知。

实感具身强调的是身体主体自主地嵌入,直接参与空间感知。在室外观察、野外考察、室内观察等活动中,身体感官直接获得各种空间信息,主动进行空间方位的辨认,对道路方位、地物相对位置、距离、形状、大小等信息进行分析处理,在大脑中形成一张地理心象图,这就是身体参与体验的具身认知过程。实感具身场域有助于将地理事象由形象感知提升为抽象规律,有助于将地理空间认知由地理空间感知上升为地理空间表征,在空间定位、计算、转换思维的基础上,实现对地理事象的进一步解构或建构。

（一）连接形象感知和抽象概念

实感具身是由主体亲身的感受引发,通过身体与真实环境或实物的直接接触从而产生具身效应。基于在真实环境中的具身体验,通过感触到、听到、看到、闻到等身体反应获得直接形象的信息,并形成具身经验,形成对相似情境的抽象认知。实感具身场域将形象感知和抽象概念进行了连接。

当人们置身于自然环境中,选择在合适的天气和开阔的地点抬头赏月判别月相时,通过身体感受空间,"我"面向着南方的天空,此时空间的相对方位就是"左东右西"。当置身于群山环抱之中,身体感受到的是"不识庐山真面目,只缘身在此山中",那是因为"我"置身在山谷低地,在这样的空间位置上视野空间范围有限。而当"我"登上山顶,"会当凌绝顶,一览众山小",那是因为山顶俯瞰与低地环视的观察视角不同,产生了不同的空间认知,形成了不同的心象地图,就有了不同的心境气魄。当乘坐的飞机从高空到落地的过程中,视野中各种事物将逐渐变大,"我"通过身体感知得出了高度变低的具身认知,通过高低位置的空间定位,判别出不同距离差距下地理事物的大小差异。

（二）连接空间感知和空间表征

地理空间认知分为空间感知、空间表征和空间推理三个阶段。基于身体嵌入真实环境中,需要定位已知生存空间和视界以外的地方,通过已知条件感知空间位置与方向,并基于地理事物的空间位置,评估距离差距,进一步进行决策和判断,需要调用的思维有空间定位思维、空间计算思维等,这个阶段属于空间感知阶段。在上述基础上,在对地理事象空间属性的解析、提炼或建构中,实现从地理空间感知上升到空间表征阶段。

当人们置身于自然环境中,选择在合适的天气和开阔的地点抬头赏月判别月相时,在空间感知中,依据"左东右西"的心象方位,判断月亮的具体方位,推测出月球升起、上中天和落下的大致时间,在自然的穹庐之下从三维视角观察,解析出月相的形成过程,并根据其地理属性,亦可根据"半个月亮爬上来"的文字描述画出相关月相。

二、实感教学场域的营造

在真实具身空间中身体主体自主地嵌入,形成具身的地理认知。实感具身场域根据真实环境的空间性质,分为室外实感具身场域和室内实感具身场域。

（一）室外实感具身场域

在室外场景中,人们的身体本身就置身在自然环境中。如在校园中,当亲手挖掘土壤样方时,通过手臂铲土的用力程度能感知出土壤的松软程度,通过眼睛的观察能感知出土壤的颜色,通过鼻子闻到土壤的气味,通过用手搓一搓直接感知土壤颗粒的大小、土壤的湿度等。

室外实感具身场域中的教学场景是教师在真实的自然环境中,通过要素筛选和空间优化营造的学习场景。其中,具身工具主要包括身体主体、地理环境事物本身和观测测量仪器设备工具等,具身活动主要包括室外观测和野外考察两类。

1. 室外观测

室外观测的对象是地理环境本身,具有真实、生动、形象的特征。在《普通高中地理课程标准(2017 年版 2020 年修订)》中,根据自然地理环境的要素把室外观测分为以下六类。一是天文观测。主要内容是用肉眼观测某种天文现象,并查阅有关资料,说出自己的观测结果及体会;连续观测半个月以上的月相,记录并总结月相的变化规律,分析月相变化的原因。二是气象观测。主要内容是对云、能见度、天气现象、风、温度、湿度、气压、降水、蒸发、日照及地温等的观测。三是水文观测。主要内容是根据本地条件对河流进行定点、定时观察,并分析其变化规律和主要原因。四是物候观察。主要内容是通过观察记录一年中某种特定植物的生长枯荣,从而了解气候变化及其对植物的影响。五是地震观察。主要内容是震前气象异常、动物异常、地下水异常、人的异常感觉等宏观前兆和地下水化学成分(如微量元素)、地应力、地电等变化的微观前兆的观测。六是植物观测。主要内容是对植物的根、茎、叶等生长状况进行观测。

室外观测通过调用多种感官,获得了身体学习的具身认知。在观测中,可以用眼睛看到夜晚的明月,观测到月亮阴晴圆缺的变化规律;可以用耳朵听到春雨的淅淅沥沥和暴雨的倾盆而下,感受大自然的季节变化;可以用手指触摸岩石的表面,与不同的地质年代进行零距离接触。

室外观测可以使用测绳、皮尺、测杆、广口瓶、浮标、水温表、量杯、烧杯、酒精灯等测量工具,选取真实场景进行实地亲身考察测量,通过调用多感官参与,在与真实环境交往互动的过程中形成直观的地理认识。如选取家乡所在地的一条河流作为场景,通过"身体力行"的实地观察与测量,学生主体在真实自然环境中动手动脑、身心一体,依据学生"身体—主体"的根本特点及室外观测的具身性质、情境性质,完成家乡河流的调查与测量。(1)步数估河宽。如果所调查的河流偏窄,学生可用测绳或皮尺在桥面进行分段测量,然后累加得到河流宽度结果。也可以用身体测量(即步测),先量出每步的距离,再数出步数,步数乘以步距从而得到河流宽度的概值。(2)动手量水位。如果河流偏窄且能测量水深,可在桥上进行。选取能测到河底最深处的位置,动手用测杆或测绳进行水深测量,多次测量取平均值。(3)动脑算流速。流速的测量应选择顺直的河段,可将桥的位置选为起点,下游一定的距离选为终点。在桥面向河流中心处投入浮标,并开始计时,当浮标顺着水流到达终点时记下时间,多次测量取平均值。根据速度=距离÷时间,求得河流流速。(4)称重含沙量。在河流中部的适当位置的一定深度处,用广口瓶采集水样,并将水样(包括沙粒在内)全部倒入量杯中测量浑水的体积。通过加热的方法使水样中的水分蒸发,烘干,称出泥沙重量。(5)读数测水温。用水温表于 10 时和 14 时测量两次水温,每次取水面以下 10 厘米和河底附近固定两个点进行测量,每个测点放水温表测量时间不少于 5 分钟。

2. 野外考察

野外考察亦称现场考察、实地考察,旨在让学生直接了解某区域内的现场情况,以获得课堂上难以得到的实际知识、技能和经验,或采集标本,或验证课堂上学习的理论。通过精心组织和有效实施野外考察活动让学生走出去,在实践中获得直接经验,获得对真实环境的真认识、真感觉,并在认识中获得解决问题的真实能力,最终获得独立认知世界、独立生存的本领。

例如,上海某中学组织实施了江西省上饶市弋阳龟峰地质公园考察活动,在前期准备阶段对照课标要求、查阅相关文献、咨询当地专家,挖掘出几项适合开展野外实践活动的相关资源,具体见表 4 - 1。在野外考察中,通过学生"身体力行"的实地观察与测量,直接获得龟峰地质公园这一区域中气候、地质地貌、植被等方面鲜活的数据和一手材料,学生主体在实际的真实环境中动手动脑、身心一体地完成调查与测量,进行分析和论证。

表 4 - 1　新课标要求与龟峰地质公园相关资源对应表

	新课标要求	身体器官	龟峰地质公园相关资源
必修1	1.3 运用地质年代表等资料,简要描述地球的演化过程	眼(视觉) 耳(听觉) 口(语言)	龟峰发育于距今 1.35 亿年的白垩纪时期,位于扬子古板块和华夏古板块古缝合带北侧。第四纪以来,在新构造运动的影响下,该区不断抬升,在外动力地质作用下遭受侵蚀,形成了今天的丹霞地貌类型
	1.4 通过野外观察或运用视频、图像,识别3—4 种地貌,描述其景观的主要特点	眼(视觉) 耳(听觉) 口(语言)	以典型的丹霞地貌景观为主体,地貌发展过程比较完整成熟,以发育峰林、峰丛、石柱、孤峰残石、残丘,石梁、石墙、穿洞、天生桥、宽阔谷地等老年早期丹霞地貌为特征
	1.9 通过野外观察或运用土壤标本,说明土壤的主要形成因素	眼(视觉) 手(触觉) 鼻(嗅觉) 口(语言)	龟群是园区内丹霞地貌发育的主要层位。圭峰群从下到上划分为河口组、塘边组、莲荷组。河口组以紫红、砖红色砾岩、砂砾岩为主;塘边组以砖红色细砂岩为主
	1.10 通过野外观察或运用视频、图像,识别主要植被,说明其与自然环境的关系	眼(视觉) 手(触觉) 耳(听觉) 口(语言)	龟峰植物区系组成非常丰富,以亚热带植物区系成分为主。龟峰的木本植物列为国家保护的有 18 种,省级保护的有 30 多种,有"植物小王国"之称
	1.11 运用资料,说明常见自然灾害的成因,了解避灾、防灾的措施	眼(视觉) 口(语言)	龟峰园区内存在崩塌、滑坡、泥石流等地质灾害高风险区
	1.12 通过探究有关自然地理问题,了解地理信息技术的应用	眼(视觉) 手(触觉)	利用百度地图、奥维互动地图等地理信息技术平台制定园区考察线路、查看当地地形特征
必修2	2.3 结合实例,说明地域文化在城乡景观上的体现	眼(视觉) 耳(听觉) 口(语言)	龟峰园区人文旅游资源有佛教禅宗文化为特色的南岩石窟、儒家文化的叠山书院、摩崖石刻和红色旅游资源方志敏纪念馆等,具有较高的美学欣赏价值和历史文化价值
	2.5 结合实例,说明工业、农业和服务业的区位因素	眼(视觉) 耳(听觉) 口(语言)	龟峰名胜风景区旅游业发展现状及未来发展研究
	2.11 通过探究有关人文地理问题,了解地理信息技术的应用	眼(视觉) 耳(听觉) 手(触觉)	利用地理信息技术查询龟峰名胜风景区及其周边资源信息,尝试制作诸如园区旅游线路开发、特色景点介绍等简易电子地图
选必1	1.3 结合实例,解释内力和外力对地表形态变化的影响,并说明人类活动与地表形态的关系	眼(视觉) 耳(听觉) 手(触觉) 口(语言)	园区的丹霞地貌丰富多彩,类型较齐全。园区丹霞地貌根据其形成作用,可划分为水流冲刷侵蚀型、崩塌残余型、崩塌堆积型、溶蚀风化型、溶蚀风化崩塌型五种成因类型

（二）室内实感具身场域

室内实感具身，即学生在室内真实情境中感知地理现象，活动过程中身体多个器官参与学习，提升地理空间思维的过程与活动。

例如，在冬季，教室里有的学生身体直接感受到了暖暖的阳光，阳光强度大时还有些刺眼，根据身体的直接感受，通过对教室里阳光照射范围的连续观察，可分析获得对太阳高度季节变化的理性认识。同时，也可根据阳光照射的方向，在教室里感受到冬半年我国日出东南、日落西南的空间特点。

例如，天津某中学的小张同学观察到，阳光通过窗户（朝向正南）照射在室内的面积在变化，并绘制了观察表，具体见表 4－2，发现该地照进室内的面积逐渐减小。他知道此面积和当地太阳高度角呈负相关，说明正午太阳高度角逐渐变大，并由此可推测出太阳直射点的变化、地球公转速度变化等时空变化特点。

表 4－2　照射面积变化表

时间	第一天	第二天	第三天	第四天	第五天
面积(m²)	5	4.99	4.98	4.97	4.96

三、营造实感具身场域的实践案例

（一）判别地理方向

日常生活中人们会遇到大量与方向有关的问题，如房屋的朝向、道路的走向、目标地的前进方向。在室外，如何快速准确地判别地理方向呢？在鲁教版高中教材必修 1 中设计了下面的单元实践活动，可用于在野外进行地理方向判断的教学。

1. 具身工具

太阳、北极星、地物、屋顶太阳能集光板。

2. 具身活动

（1）利用太阳每天东升西落的视运动特点来判别方向。在北半球中高纬度地区，冬半年太阳从东南方向升起，西南方向落下，太阳位于南部天空，地物的影子总是朝向北方，正午时地物的影子朝向正北；夏半年太阳从东北方向升起，西北方向落下,但一天中绝大多数时间太阳位于南部天空,地物的影子多朝向北方,正午时地物的影子朝向正北。因此,我们可以根据地物的影子来判别方向。(2)利用北极星判别方向。晴朗的夜晚,在北半球可利用北极星判别方向。北极星位于正北天空,其高度相当于当地纬度。如果找到了北极星,也就找到了正北方向,其他方向就很容易确定了。(3)利用地物判别方向。中高纬度地区冬季下雪后,不同朝向地面上积雪融化的速度不同。在北半球,朝北一侧积雪融化速度一般比朝南一侧慢。我们可根据地物南北两侧的积雪融化速度,大致判别南北方向。一般来说,植物的向阳面枝叶较茂盛,背阳面的树干上常长有苔藓。树干断面的年轮也可以用来判别方向。例如,我国北方地区的树木,由于南北两侧光热条件不同,生长速度也不同,向阳一侧的光热条件较好,树木生长速度相对背阳一侧较快,年轮宽度也相对较大。我国北方传统民居多坐北朝南,这样,一方面可获得充足的阳光,另一方面可以减轻冬季冷空气的影响。因此,我们可以根据大部分住宅的走向以及大门和窗户的朝向,大致判别南北方向。(4)可根据屋顶太阳能集光板的朝向判别方向。对于北半球来说,太阳能集光板一般朝南,而且纬度越高,集光板与水平面的夹角越大。

（二）测量太阳高度角

在太阳高度的学习中,学生对"太阳高度"这个概念缺乏实践认识,理解起来存在一定的困难。通过室外观测活动,有助于学生认识太阳高度与正午太阳高度的概念,认识太阳高度的日变化。通过空间推理分析,认识正午太阳高度的季节变化。

1. 具身工具

太阳与太阳光、人体与影子、尺子、拍摄工具。

2. 具身活动

三人一组,甲同学站立于阳光下,乙同学测量影子长度,丙同学负责拍摄人与影子的照片。在实景现场观测太阳与影子的方位,通过中午 12 点的影子长度联想下午 4 点的影子长度有何变化,并进行记录,具体见表 4 - 3。

表 4-3 "太阳高度与影子的关系"观测记录表

时间	8:00	12:00	16:00
照片			
影子长度			
影子朝向			
太阳所在方向			

3. 教学设计

表 4-4 基于地理空间思维的"太阳高度"教学设计片段

教学内容	教学活动	空间思维教学目标
太阳高度	学生活动:对学生课前实践作业"观测太阳高度与影子的关系"进行分析	空间定位思维:感知太阳、地面物体与影子之间的相对位置和相互关系
	问题:一天中影子何时较短? 何时较长? 为什么? 一天中影子的朝向为什么有变化? 引出太阳高度的概念	空间关联思维:随着时间的推移,太阳、地面物体与影子相互之间的空间位置发生变化,探索其规律
正午太阳高度	概念认识:太阳高度角→正午太阳高度角→正午太阳高度。 方法:通过学生实景观测,认识太阳高度,并拍摄照片,课堂上根据"人的影子"照片,画出太阳高度	 空间转换思维:通过实景空间分析,感知太阳高度
正午太阳高度纬度分布规律	学生活动:根据太阳直射点的纬度位置,判断不同节气正午太阳高度的纬度分布规律	空间定位思维:认识太阳直射点、纬度、正午太阳高度三者的空间位置与关系。 空间关联思维:通过太阳直射点、纬度、正午太阳高度三者的空间位置与关系,寻找空间规律
正午太阳高度的季节分布规律	列举不同地方的正午太阳高度大小,再进行归纳推理获得正午太阳高度的季节分布规律。例如:上海地区一年中的什么时候正午太阳高度最大? 北京地区呢? 这一天哪些地区的正午太阳高度最小? 得出结论:通过归纳推理,获得正午太阳高度的季节分布规律	空间类比思维:夏至日时,不同地区的正午太阳高度的大小比较。 通过空间位置的比较分析,获得夏至日北回归线及其以北地区正午太阳高度达到一年中的最大值。南半球各地正午太阳高度为一年中的最小值

4. 教学效果分析

在"太阳高度"的学习中,营造实感具身场域提升了学生地理学习的空间感。学生在室外全方位感受太阳光线,容易理解太阳高度与人影长短的关系,并且可以变通理解早晨和黄昏时的太阳高度与影子关系,教师在实景中提问,学生反馈比课堂教学效果好。有了实践的经历,课堂上学生根据照片迅速判断并画出太阳的位置,从而认识太阳高度的概念,再通过联想画出下午四五点钟时太阳高度与影子长度的大致变化情况,从而建立起太阳高度与影子长短的空间联系,并通过三维实景与二维平面示意图的转化,完成对实景空间的思维建模。

（三）室外天体观测

室外天体观测包括两部分:一是裸眼辨认星空、星座及主要亮星;二是利用天文望远镜进行天体观测。

1. 裸眼观测当季星空主要星座

观测准备:(1)手机下载 App"星空"软件,借助手机软件帮助认星、定位;(2)选择一个晴朗的夜晚;(3)选择一个灯光暗淡的地点,如可选择在学校教学楼的天台上。

观测活动:观测当季星空中的主要星座及亮星,具体见表 4-5。

表 4-5　四季星空主要星座及亮星

四季星空	主要星座及 α 星	典型图案
春季星空	大熊座、狮子座、牧夫座、室女座; 北极星、轩辕十四、大角、角宿一	春季大三角 春季大半圈
夏季星空	天琴座、天鹰座、天鹅座、天蝎座; 织女星、牛郎星、天津四、心宿二	夏季大三角
秋季星空	仙女座、飞马座	秋季四边形
冬季星空	猎户座、大犬座、小犬座、双子座、御夫座、金牛座; 参宿四和参宿七、天狼星、南河三、北河三、五车二、毕宿五	冬季大三角 冬季大六边

在一年四季之中,冬季星空最为璀璨夺目。冬天是亮星最多的季节,有不少星座都非常好辨认,尤其是高悬于南方天空的猎户座。在夜晚,用肉眼就能直接通过相连的三星(夹在红色亮星参宿四和白色亮星参宿七之间的三颗星)向南偏

东找到猎户座的位置,逐步认识天空中壮观的"冬季大六边形"。春季星空"春风送暖学认星,北斗高悬柄指东。斗口两星指北极,找到北极方向清。狮子横卧春夜空,轩辕十四一等星。牧夫大角沿斗柄,星光点点找航程",观测"北斗星"所在的大熊座、"轩辕十四"所在的狮子座、"大角"所在的牧夫座、"角宿"所在的室女座。夏季,星空的重要标志是北偏东地平线向南方地平线延伸的光带——银河,在星空中寻找分居于银河两岸的织女星、牛郎星和银河中的鹊桥——天津四,观测由这三颗星星构成"夏日大三角"。由织女星顺着银河岸边向南可观测到一颗红色的亮星心宿二,它和十几颗星组成一条"S"形曲线,这就是天蝎座。秋季星空"飞马当空,银河斜挂",观测仙女座与四边形的飞马座,以及"W"形的仙后座。

2. 天文望远镜观测天体

观测目标天体:月球。

观测工具:(1)星达天文望远镜(Sky-Watcher Telescope)[D=100mm(物镜口径),F=500mm(物镜焦距),f/5.0(f=F/D)];(2)13mm 目镜+2x 巴罗增倍镜/5x 巴罗增倍镜;(3)手提电脑软件:SharpCap Ver2.9;(4)连接电脑和望远镜的设备:QHYCCD 摄影机。

观测准备:(1)了解观测当天的农历日期和月相;(2)选择一个晴朗的夜晚;(3)选择一个灯光暗淡的地点,可选择在学校教学楼的天台上。

观测活动:安装并调试望远镜,利用望远镜 GOTO 功能搜寻目标天体,观测时利用电脑软件(SharpCap Ver2.9)与 CCD 摄影机拍摄月球的照片,利用 RegiStax 6 软件进行后期处理,将 100 张照片进行叠加,获得图像。

3. 教学效果分析

教师筛选了真实空间的时空要素,即选择一个晴朗的夜晚和选择一个灯光暗淡的地点,创设了教学场景。学生平时忙于学习,很少抬头仰望星空,当真正静下心来与星空对话时,学生被震撼了。康德说过,世界上有两件东西能够深深地震撼人们的心灵,一件是人们心中崇高的道德准则,另一件是人们头顶上灿烂的星空。在裸眼观测当季星空主要星座活动中,借助手机软件帮助认星、定位,感知星星的空间位置与方向,并基于如北极星等重要天体的空间位置,评估不同天体之间的距离差异,进一步判断星座的空间形态和位置。这些过程需要调用的思维有空间定位思维和空间计算思维等,属于空间感知阶段。在天文望远镜观测天体活动中,利用望远镜的 GOTO 自动跟踪仪自动寻找和跟踪观测天体,学生和天文望远镜自成一体,犹如借了一双千里眼,轻轻调整主镜的焦距,清晰的月球表面形态出现在眼帘,学生在实感具身场域中感知到了真实的环形山密布的月表形态。他们看到了一个遥远的世界,仿佛触摸到了一方神奇的天空,自然而然地激发出学习天文、探索宇宙的兴趣。

（四）其他空间教学案例

教学中,一些地理事象随处可见,但对于学生来说可能缺乏直接接触。因此,通过营造具身场域,生成具身空间,使学生在感知中认识世界,在认识中进行思辨。指导学生在实感具身场域中亲密接触自然事物,在实感具身中体验互动,追溯来源,分析成因。鼓励学生回归自然,在学习的校园和生活的社区等熟悉的自然场景中,在实感具身中学以致用。

高中地理教学适合室外观测具身认知空间教学的内容很多,例如表 4-6 中是自然地理教学过程中可以实施应用的部分内容。

表 4-6 高中地理营造室外观测具身场域教学案例

内容	空间思维教学目标	场景	具身工具	具身活动
月相观测	空间推理:观测时能根据月相的形状推理太阳、月球、地球三者的空间相对位置,从而理解月相成因	真实的月相观测场景:由观测地点、空间方位、月球、观测者、典型方位地标等组成	月球、地球、太阳、手机或指南针	记录观测日期与具体时间、月球位置,画出月相形状
地貌观测	空间感知:形成海积地貌的空间形态感知,海岸线形状与海岸的深浅	真实的地貌观测场景:如上海地区海岸地貌,以海岸线、自然沙滩、海水颜色、海水深浅等形成室外观测场景	海岸、沙滩、海水以及所用工具	用鼻子闻闻和舌头微舔海水,用手触摸沙子颗粒,用眼睛观察海水颜色,观察绘制海岸线形态或景观简图
地形观测	空间感知:感知不同的地形部位,通过将实地地形与等高线地形图相互转换,建立联系	真实的地形观测场景:学校附近或某研学活动地点的山地	山地、图纸、GPS 等方位与海拔记录工具	借助地形图,辨识山脊、山谷、山峰、鞍部、陡崖等地形部位,综合分析该处地形的成因

四、营造实感具身场域，培育地理空间思维的实施路径

实感具身，即学生在真实环境中体验地理现象的具身认知过程。身体直接嵌入在室内、室外、野外的真实空间中，身体感官直接获得各种空间信息，在空间定位、计算、转换思维的基础上，实现对地理事象的进一步解构或建构。

在营造实感具身场域突破地理空间教学的实施中，需要注意以下事项：

第一，仔细研读课程标准，合理挖掘实践资源；

第二，精心设计实践方案，探究空间情境问题；

第三，提前开展实践培训，正确使用地理工具（如罗盘、指北针、地图、标杆、测量仪、百叶箱等）；

第四，重视师生安全问题，充分做好应急措施。

（一）借助真实情境，建构实感具身场域

教师根据课程标准，将真实的不良情境进行结构化再造，通过要素筛选和空间优化营造学习场景，使学生主体嵌入真实空间中观察、感悟和理解地理环境，以及它与人类活动的关系。这种具身学习环境如图 4-1 所示，是以学习者为中心，身体感官系统嵌入、融入真实环境中，与资源、目标、活动等要素之间构建成

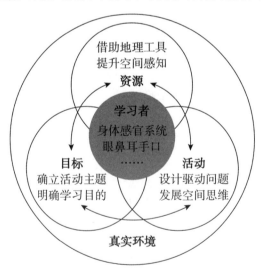

图 4-1 实感具身场域

一个网络,并对置身其中的学习者产生作用力,这就是实感具身场域。通过目标、活动、资源的动态支持,通过探究、考察、沟通等方式,推动驱动性问题的解决,使学习者在环境中提升空间感知,解析出地理事象的空间属性,发展地理空间思维。

1. 分析课标和学科知识

分析课标和学科知识主要是对课标和地理相关章节知识的甄选,对地理空间知识进行梳理,决定地理空间思维教学目标的确立和活动的走向。在构建以学生为中心、以学生活动为特征的教学环境的过程中,能够通过探究、活动、考察等方式打破传统全景敞视式的具身场域,促使学生身体与环境关系的构建和重塑,生成以学习者为主体的个性化具身空间。

大致有以下几点要求:①说明协调人地关系和可持续发展的主要途径及其缘由;②具体分析体现人类活动与自然环境关系的典型实例,掌握分析人文地理问题的思路和方法,实现知识迁移和能力提升;③注重社会调查等方法,联系生活实际解决现实问题。

2. 确立活动主题

主题的确立要结合活动地点、资源特征、学科核心知识和相关课标要求来进行提炼,要具有教育性、实践性、探究性。教育性即教学活动理念、性质要符合教育的相关规定,遵循活动主体的身心发展规律,与课标内容和学科核心知识紧密结合,能够使活动者通过活动获得知识提升和技能锻炼。实践性指教学活动要能够支持学生身体的参与,促进感官系统的开发,以身体的感受状态和情况来协助建立或重构认知。探究性即活动主题要使学生围绕一定问题、资料等活动资源,在教师的帮助和指导下自主寻求建构答案、意义、信息或理解。

3. 设计驱动性问题

驱动性问题要具有层次性、挑战性和开放性。依据学生的最近发展区,设置带有难易梯度的问题,调动学生的积极性以发挥其潜能,超越最近发展区而达到下一发展阶段水平;在此基础上进行下一个发展区的构建,但要坚持适度原则,过度超出最近发展区的问题设置会导致项目式活动无法进行。基于具身理论,问题设计应遵循以下基本原则。

（1）问题设计具有情境性

具身认知理论强调认知的情境性，认为人的认知不是一个先验的逻辑能力，它是一个连续发展的情境性的过程，认知是身体与环境相互作用的结果，认知离不开情境。实感具身是在真实空间中生成的，是让学生置身于真实情境的自然环境（江海、山岳、平原、植被等）和人类活动（工业、农业、城市、村落、文化等）中去进行探究学习。因此，问题设计必须基于真实的情境，才能在实感具身空间中愉悦地感悟人地关系。

（2）问题设计凸显体验性

具身认知理论强调身体是参与认知的基础，注重人用身体参与认知，亲身体验、接受和运用知识与技能。实感具身要求在自然与社会的真实情境中"做中学"，进行体验学习。因此，在设计问题时，需要使用一些凸显体验性、感知性、实操性的行为动词，充分调动学生的多维感官去现场获取相关信息解决问题，充分体验和深刻感悟真实而复杂的地理事象，从而完成所给的实践学习任务。调用的身体感官与其对应的设问使用的行为动词可以是：

眼（视觉）：观看、观测、参观、观察、辨识、找出、寻找等；

耳（听觉）：聆听、听讲等；

鼻（嗅觉）：闻闻、嗅嗅等；

舌（味觉）：尝尝、舔舔等；

手（触觉）：触摸、采集、记录、写出、测量、绘制、设计、制作等；

口（语言）：描述、说出、访谈、说明、分析、汇报、答辩等。

（3）问题设计体现探究性

具身认知理论认为学习不是单纯地接受空洞抽象的理论知识，而是学习者在环境中不断地探究具体的事象，利用身体感知并调用知识思考，逐步形成解决实际问题的思维方法。在实感具身空间中，空间由多种地理要素组成，学生嵌入在真实空间中调用了身体多种感官。因此，以综合思维引导设问，有利于促使学生在真实情景中运用理论性地理知识去发现问题、分析问题、解决问题，从而实现深度学习。

（二）挖掘真实资源，整体设计活动流程

如图 4-2 所示，按活动准备、活动内容和活动评价三个环节整体设计活动流程，并总结出各环节具身活动的实施要点。

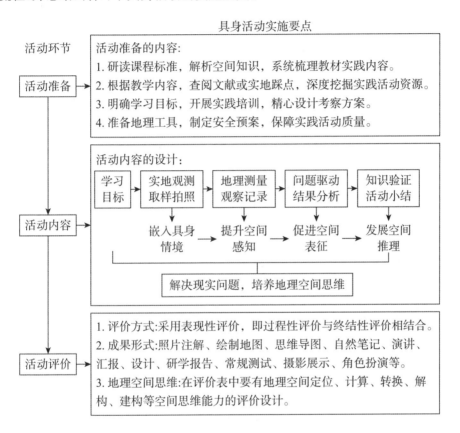

图 4-2　具身活动流程和实施要点

1. 具身活动的准备工作

第一步，分析具身环境，确定地点与目标。教师研读课程标准，解析空间知识，系统梳理教材实践内容，并根据教学内容查阅文献或实地踩点，深度挖掘实践活动资源。首先，从物理环境来看，选择真实的活动场所，为触发学生多模态的感知通道提供先决条件。其次，在资源环境方面，该场所及其附近要蕴藏有较丰富且恰当的具身认知资源，可观察且易实践。第二步，整合具身认知资源，拟定主题与路线。具身认知理论认为情境本身就是知识，具身环境中的情境创设可促进学生认知的深层次建构。分析具身认知资源所体现的整体逻辑，从中提炼主线,进而拟定情境主题,并依据主题探究的逻辑序列规划活动路线。第三步,调动身心状态,组织动员大会。具身认知理论认为认知是涉身性的,也就是说学习者在认知时已做好全身心准备。所以教师需要在活动实施前组织动员大会,调动学生的参与热情和兴趣,使其在认知前做好全身心的参与准备。接下去按"组内同质,组间异质"的原则分组并宣布小组名单,而后发放提前设计好的活动手册,让学生提前回顾相应内容。此外还要制定安全预案,进行安全教育。

2. 具身活动过程的开展

具身认知强调借助环境中的感知体验促进认知的生成,所以活动中生成具身空间,引导学生在场体验,并通过师生的身心互动,加深学生的感悟,进而促使学生对已学知识进行深入理解与巩固,生成新知,解决现实问题,并在活动开展中发展地理空间思维。具体活动的内容步骤如下:(1)明确学习目标;(2)实地观测,取样拍照,学生主体嵌入地理空间中;(3)地理测量,观察记录,通过多感官调用,提升地理空间感知思维;(4)问题驱动,结果分析,通过地理空间要素的解构和建构,促进地理空间表征思维的发展;(5)知识验证,活动小结,通过将不同区域的地理事物或同一区域的不同地理要素进行比较、分析,推理出相似地理现象和地理特征,进一步发展地理空间推理思维。

3. 具身活动效果的评价

具身活动的实施效果需要通过评价与反思加以评判。引导学生及时反思、回顾自己在活动中的具身感受,可促进学生具身认知的意义建构。在活动中,教师可根据学生在活动过程中的提问与发言、笔记记录以及互动参与情况,进行表现性评价;也可把照片注解、绘制地图、思维导图、自然笔记、演讲、汇报、设计、研学报告、常规测试、摄影展示、角色扮演等成果形式作为评价依据,把过程性评价与终结性评价相结合,使其内隐的具身认知结果外显化,并可通过师生自评、互评增加评价的有效性与多样性。建立身心一体的评价体系,以学生的身体介入度、主动参与性、知识的生成性为核心指标,在评价表中要有地理空间定位、计算、转换、解构、建构等空间思维能力的评价设计。

(三) 实感教学场域营造须注意的问题

首先,在环境中引导学生多感官参与可提高学习成效,但具身活动设计须根据实际的教学内容而定,只有在适合的教学条件下,才能促进学生的具身学习,进而提高教学成效。

其次,具身活动设计要能够有效调动学生在环境中的身心参与以及学生的原有经验,同时在活动中教师要引导学生对所学内容进行归纳总结,进而促进学生认知体系的建构。

最后,对学生进行表现性评价时,要注意观察学生的具身认知情况,及时调整教学策略,从而促进教学过程的优化。

第二节　实境具身场域的营造

实境具身,即模拟真实情境的具身,是学生在模拟真实情境的具身环境中体验地理现象的具身认知活动过程。地理空间思维教学中,有些知识教师无法直接提供真实空间,需要通过具身工具和具身活动构建模拟具身场域,实现具身感知,化解教学难点,提升学生对地理现象的体验与感知。在实境具身场域中实现具身感知,利用学生已有的地理认知原型或已有的具身经验,感知地理现象。

一、实境具身场域的主要支持

实境具身场域的营造,需要借助教学资源、实物、身体等的支持,使用地理景观图片、地理专用教室、自制学具、模拟实验、情景剧、手势等具身工具构建模拟场景,在不同时空视角下,通过调动视觉、听觉、嗅觉、触觉等多感官,使身体各项器官与环境互动,使学生如临现场并感同身受。

（一）教学资源支持

以认知工具、多媒体、学习资料等为主的资源支持是学生进行有意义学习的媒介与支架,是身体功能的外部延伸。合理甄选多感官通道的媒介,提供符合学生多感知的学习资源,实现多感官的调用和技术的自然融入,增加具身任务的代入感,使学生的沉浸感与在场感增强,使身体与环境在双向构建中互动生成,促进知识的生成与吸收。

1. 地理景观图片

地理景观反映地理事物的景色或外貌,是人们对地理事物初步的表面认识。地理景观反映地理事物的一般属性,是认识地理事物本质属性的基础,在形成地理概念中起重要作用。地理景观图不同于一般的地图,它不是用符号表示地理事物,而是直接用画面表示地理事物。将客观存在的地理信息以图像的形式很具体地传递给学生,具有任何文字和语言无法替代的作用,使学生有身临其境的感觉。

 案例

"月相"教学中使用"月上柳梢头"景观图

图4-3 "月上柳梢头"景观图

【案例说明】"月相"教学中,身体可以嵌入在真实场景中即实感具身场域中观察到的"月有阴晴圆缺"的自然现象,也可借助多步骤分解的模拟演示动画或地理景观图片,使地理程序性知识"可视化",使身体与环境在双向构建中互动生成,有效促进学生的认知过程。运用视频或模拟演示月相形成过程,从"地球"视角观察月相,帮助学生创建多个模态形象,便于学生对月相成因的理解,同时能够从不同视角去观察并了解月相变化。运用地理景观图片,达成"人在画中"的境界,就像自己就在当下,在当地当时看到了"月上柳梢头"景观一样,也产生了期盼与亲人、爱人、友人共团圆的情感共鸣。

2. 地理专用教室

并非所有的具身场域都需要投身到自然界中,教师也可以利用地理专用教室等来模拟真实场景,营造实境具身场域。可以积极创设地理专用教室,采用马蹄式、圆桌式、组块式或复合式的座位设计,实现身体与社会环境、历史环境、文化环境、物理环境、心理环境、语言环境等的相互关联。可以创设和利用人机互动的身体体验场景。如利用学校的天象厅模拟四季星空,感受斗转星移;如在地震馆中模拟地震波运动,感受地动山摇的体验。自然是宏大的,我们所能亲身体验的时空是有限的,创建岩石与地貌等地理专用展示馆,就能获得不同地质年代和不同种类的岩石或矿物样本,通过观察感知或是用手触摸、敲击、对比等方式理解不同岩石的区别。

案例

天　象　厅

图 4－4　天象厅与天象仪器

【案例说明】置身于天象厅中,在一个半球型天幕上演示着当人处在地球上不同经纬度看到的各类天体,就像置身于真实的夜幕穹隆下,能更清晰地在短时间内观察日月星辰的升降运行、行星在恒星中穿行、地球自转轴的岁差运动等。它也可演示出宇宙中主要恒星、行星、星团、星云的运动规律,模拟出八大行星的公转运动,提升学生对八大行星公转特征——同向性、共面性和近圆形的空间认知。

（二）实物支持

开发学具和模拟实验是为了演示地理现象，使一些地理现象可视化，学生在实境具身场域中"做中学"，使身体感官系统与之互动，体验知识发生和发展的全过程。

1. 地理学具

学具就是自己动手制作的简易学习工具，是根据学科特点、教学内容与学生认知的需要，在教师的指导下，和学生一起就地取材，通过简单易行的方法动手制作的一种教学装置，主要强调学生的主体性，关注学生的认知需求。自制学具具有材料易取、结构简单、直观灵活、拆卸方便等特点，有利于学生在教学过程中动手实践和近距离观察。

 案例

等高线地形自制学具

图 4 - 5　等高线地形自制学具

【案例说明】如图 4 - 5 所示，通过学生自制等高线地形的立体模型进行等高线判读的教学。从上俯瞰，就是一幅平面的等高线地形图，可以借助等高线的数值、形状、疏密程度等，判读、比较、分析地形名称及特征；从侧面看，就带有立体效果，能让学生更直观地认识、比较不同地形特征。两者结合起来进行对照，可以增强学生对等高线图的空间认识，丰富学生体验，帮助学生更好地理解等高线的基本特点及原理。合理设计和使用地理学具，有助于将抽象的概念具体化，将平面的物体立体化，从而化解学生学习中的难点。

2. 模拟实验

模拟实验是指师生借助一定的设备和实验器材创设特定的"实验环境",采用演示手段,将跨越一定时空的地理过程(地理现象)变得可以接触与感知,从而获得和验证地理知识的一种教学装置。在模拟实验中提供学生参与实践感知活动的具身场域,在模拟的不同空间视角中,使学生在身体多感官体验、感知、互动与合作中探讨地理事象,进而促进学生的地理感知、身体操作及地理实践力的综合提升,并运用定量分析和定性分析相结合的方法对地理实验的结果进行综合分析,自主完成知识意义的建构。

 案例1

"水土流失的影响因素"学生实验

实验器材:木条与木片、木胶、塑料草坪、细沙、玉米粉、两只喷壶、锯条、双面胶等。

实验步骤:①使用两个缓坡,一个有植被,一个无植被,上面都均匀地撒上一定厚度的细沙,将两只喷壶装等量的水,并加压相同次数,两名学生手持喷壶在坡面上方模拟降雨30秒,观察水土流失状况。②使用两个缓坡,都覆盖好植被,上面分别均匀地撒上一定厚度的细沙和玉米粉,将两只喷壶装等量的水,并加压相同次数,两名学生手持喷壶在坡面上方模拟降雨30秒,观察水土流失状况。③使用一个缓坡和一个陡坡,都覆盖好植被,上面都均匀地撒上一定厚度的细沙,将两只喷壶装等量的水,并加压相同次数,两名学生手持喷壶在坡面上方模拟降雨30秒,观察水土流失状况。④使用两个缓坡,都覆盖好植被,上面都均匀地撒上一定厚度的细沙,将两只喷壶装等量的水,一只加压15次,另一只加压30次,两名学生手持喷壶在坡面上方模拟降雨30秒,查看水土流失状况;再用等量水、等水压的喷壶分别喷洒不同的时间,观察水土流失状况。

【案例说明】通过坡度模拟、降水量模拟及土壤性质模拟,将地理时空浓缩于小尺度的具身空间中,通过具体操作,使抽象的地理现象可视化。通过手脑并用进行思考,构建得出以下结论:水土流失的影响因素有植被、土壤、地貌、降水等。有植被覆盖会减轻水土流失;沙土(细沙)比黏土(玉米粉)易发生水土流失;

陡坡比缓坡水土流失严重(地势起伏大会加剧水土流失);降水强度大小及时间长短影响水土流失。在实验操作中,学生的大脑、身体和实物在实境具身场域中组成了一个动态的统一体,实现了课程文本与学生认知的统整。

图 4‑6 水土流失模拟实验

 案例2

"验证二氧化碳是温室气体"的演示实验

实验器材:计时器、二氧化碳气体、1000 毫升锥形瓶、温度计和带孔瓶塞等实验器材。

实验步骤:①取三只锥形瓶并分别标识为 A、B、C。②取三支温度计分别插入带孔瓶塞。③将 A 锥形瓶塞上带温度计的瓶塞。④在 B 锥形瓶内铺一层细沙,充入足量的二氧化碳气体并塞上带有温度计的瓶塞。⑤在 C 锥形瓶内装入少量水,充入足量的二氧化碳气体并塞上温度计的瓶塞。⑥将实验器材放置在有阳光照射的台面上。⑦持续观察15 分钟,记录温度计的数值并填写实验表。

表 4‑7 温度变化记录表

锥形瓶	起始	3 分钟	6 分钟	9 分钟	12 分钟	15 分钟
A 瓶						
B 瓶						
C 瓶						

【案例说明】验证二氧化碳是温室气体的演示实验,利用计时器、二氧化碳气体、1000 毫升锥形瓶、温度计和带孔瓶塞等实验器材,通过持续 15 分钟的观测和定时温度记录,验证二氧化碳的保温效果。也有教师进行实验改良,将红外线通入有二氧化碳气体的锥形瓶内,观察升温情况,将二氧化碳主要吸收太阳辐射中波长较长的红外线的原理显性化地呈现,使不可见的太阳辐射和大气对太阳辐射的削弱和保温作用现象可观察,升温过程中的数据可记录,地理原理和现象可描述。

（三）身体支持

利用身体本身如手势和运动等多种方法和途径,通过肢体语言的表达,或利用手势辅助教学,或利用身体运动模拟真实的再现角色和场景,利用身体部位实现角色体验与感受。在教学过程中借助这种非语言媒介来刺激大脑皮层,用来传递信息、亲身体验和表达态度。它具有形象直观,易理解、易模仿、易运用的特点。

1. 情景剧

在创设的特定情境下,通过学生亲身性的表演活动方式增强其身体体验,在体验情境、描绘情境、演示情境等活动中,将书本上固化的地理内容还原成生动的生活事件,转化为学生身体性的理解。

 案例

创设扮演:恒星日和太阳日的差别

学生 A 扮演地球,学生 B 扮演太阳并站在离学生 A 一步之遥的地方,学生 C 扮演遥远的恒星站在教室的最后面。创设扮演地球的学生 A 转动三次的场景:第一次只有自转没有公转;第二次在自转的同时绕太阳反向公转;第三次则是按实际情况演示。

【案例说明】利用身体运动模拟地球公转运动的三次场景,第一次只有自转没有公转,其他学生很快发现太阳日和恒星日相等;第二次在自转的同时绕太阳反向公转,其他学生会发现太阳日比恒星日短;第三次则是按实际情况演示,将大尺度空间的运动通过肢体语言进行分解,分步骤表达。

2.肢体部位

手是最常用的肢体部位,使用与概念一致的手势有助于构建心理表征,使复杂抽象的地理知识变得直观形象。

案例

用手势判定水平运动物体偏转方向

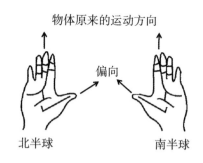

图4-7 水平运动物体偏转方向手势

【案例说明】地转偏向力的规律是:北半球向右偏,南半球向左偏,赤道上无偏转,但就是这个"左右"使学生即使背出原理规律也很难进行应用。因为如果物体的运动方向不同,则左右就比较难以判定。这时如果伸出自己的左右手,就同样能够简单明了。判定方法如下:

北半球(右手法则):伸直右手,四指并拢,大拇指展开,掌心向上,四指方向指向物体原来的运动方向,则大拇指的朝向即偏向后的运动方向。南半球(左手法则):伸直左手,四指并拢,大拇指展开,掌心向上,四指方向指向物体原来的运动方向,则大拇指的朝向即偏向后的运动方向。

二、实境具身与地理空间思维

实境具身强调的是身体的参与及身体肢体在空间中进行体验。通过身体多感官与环境互动,在模拟的真实场景中,在不同时空视角下,以各感官的感受状态和情况来协助建立或重构认知,使身体活动与地理空间思维连接起来。在具身工具和具身活动的支持下,营造出实境具身场域,使地理空间可感,使地理空间属性可视,有利于从感性认识上升到理性认识,促使地理空间感知认知层次向地理空间表征、空间推理认知阶段发展。

（一）方位和距离属性可视化

在实境具身场域中,有助于创设出从水平视角（平视）、垂直视角（俯视）、二位维视角、三维视角等多视角观察和分析地理事物的条件,使方位和距离空间属性可视化,有助于培养感知阶段的地理空间思维能力。

1. 培养空间定位和计算思维

空间定位思维是指在识别地理事物空间位置时,运用地图、示意图、心象图等方式,通过已知条件确定空间位置与方向的思维过程。空间计算思维是指基于地理空间位置,评估距离差异,进一步决策判断的思维过程。

【教学内容】地形部位。

【具身工具】肢体部位——手。

【具身活动】把拳头看成一个地形区,在手上绘制出山谷、山脊、山峰、洼地、陡崖等地形部位,如图4-8所示。

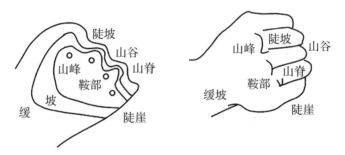

图 4 - 8　手上绘制等高线图

【地理空间思维培养】巧用身体的肢体部位,用手可以做出表示不同意思的各种姿势,创设出地理空间属性,把抽象的知识变得直观、形象、立体,通过感知、想象、联系等思维方法理解地理空间概念。学生利用自己的拳头勾画出平时很难全部感知的地形部位,利用拳头本身的高低起伏,通过勾画可视化地呈现山谷、山脊、山峰、洼地、陡崖等地理事物。这个过程需要结合空间定位思维确定各地形部位的位置,并评估陡坡和缓坡的等高线疏密差异,通过空间计算思维确定不同地形部位的相对高度。

2. 培养空间转换思维

空间转换思维是指从水平视角(平视)、垂直视角(俯视)、二维视角、三维视角等多角度观察,分析地理事物的思维过程。

【教学内容】地球运动及运动的意义。

【具身工具】地理学具——地球仪、三球仪。

【具身活动】转动地球仪,从南北极点俯视和仰视地球仪,归纳地球自转的规律;从侧面观察"三球仪",观察昼夜半球的周期变化规律。

【地理空间思维培养】通过学具的动手操作和演示观察,可以将平面示意图转化为三维空间,地球的自转用地球仪演示,地球的公转用"三球仪"演示。在演示活动中,将学生具身于宇宙空间,以"上帝视角"进行观察和实物演示。扩大空间尺度,离开地球,我们可以通过从南北极点俯视和仰视地球仪,观察得出南半球和北半球的地球自转"北逆南顺"的规律。离开太阳系,可以通过侧视"三球仪"仔细观察昼夜半球的周期变化规律,很容易感知各地昼夜长短的季节变化和纬度变化规律。借用操作"三球仪",有一个从二维视角到三维视角的转换过程,并从俯视、仰视、侧视多角度观察,运用空间转换思维分析地球运动及其运动的意义。

(二)尺度和形态属性可视化

基于空间感知阶段的地理空间思维培养,在理解地理事象空间属性的基础上,实境具身场域创设图文转换的支持,使尺度和形态空间属性可视化,有助于培养表征阶段的地理空间思维能力。

1. 培养空间解构思维

空间解构思维是指对地理事象的空间属性进行解析与提炼的过程(从图到图或文)。

【教学内容】气旋与反气旋。

【具身工具】肢体部位——手。

【具身活动】以北半球为例,气旋与反气旋运动方向均用右手表示。气旋:右手半握,大拇指朝上,表示气旋中心气流上升,其余四指则指明了水平气流旋转方向呈逆时针辐合运动。反气旋:右手半握,大拇指朝下,表示反气旋中心气流下沉,其余四指则指明了水平气流旋转方向呈顺时针辐散运动。具体见图 4－9。南半球的气旋、反气旋用左手表示,方法与北半球相同。

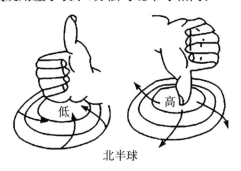

图 4－9　气旋、反气旋判断手势

【地理空间思维培养】利用手势将垂直方向和水平方向的大气运动可视化地呈现出来。通过对书本中原理性的文字描述进行解构,直观、形象、立体地以手势的肢体语言表征出来,并提炼出中心气压状况、水平气流、垂直气流这些空间属性,以表格中文字的形式进行概括总结,具体见表 4－8。

表 4－8　天气系统知识总结

天气系统		气旋	反气旋
中心气压状况		低气压	高气压
水平气流	北半球	逆时针向中心辐合	顺时针向四周辐散
	南半球	顺时针向四周辐散	逆时针向中心辐合
垂直气流		上升	下沉

2. 培养空间建构思维

空间建构思维是从文字描述或图像中提取地理事象的空间属性,运用图示建立空间结构或空间模型的过程(从图文到图)。

【教学内容】月相。

【具身工具】教学资源——月相成因视频、地理景观图片;地理学具——日地月模型。

【具身活动】运用视频或学具模拟月相形成过程,分步骤解释月相的成因并描述其规律;根据地理景观图,判断图示月相。

【地理空间思维培养】运用视频或模拟演示月相形成过程,从"地球"视角观察月相,分步骤解释月相的成因并描述其规律,结合从"上帝视角"俯瞰日地月三天体相对位置的变化,建构出随着月球相对于地球和太阳的位置变化及其对应出现的新月—上弦月—满月—下弦月—新月的周期性月相变化规律。据此,进一步推断出月球升落的时间与观察位置的时空关联:新月,月球正午 12 点升到最高,清晨 6 点升起,傍晚 6 点落下;上弦月,月球傍晚 6 点升到最高,正午 12 点升起,午夜 12 点落下;满月,月球午夜 12 点升到最高,傍晚 6 点升起,清晨 6 点落下;下弦月,月球清晨 6 点升到最高,午夜 12 点升起,正午 12 点落下。此外,也可运用地理景观图片达成"人在画中"的境界,就像自己在当地当时看到的景观一样。如图 4-3"月上柳梢头"景观图所示,月球于东面升起,爬出山峦,恰巧位于垂柳之下,"我"隔湖往对岸望去,此时为黄昏过后,"我"所站之地为偏西方向,此日是满月之日。"我"思念着东方的亲人、爱人或友人,相信在不久的时日中,"我们"必然会迎来美满相聚的一天。

(三) 作用和过程属性可视化

实境具身能实现地理事象的可视化,特别是空间动态运动过程的可视化。在空间结构理解的基础上,创设作用和过程属性可视化的条件,进而对不同地理要素的相互关系进行分析,辨识出其地理空间关系,推断地理事物间的空间过程,推理出相似的地理现象和地理特征。

1. 培养空间叠合思维

空间叠合思维是将两个及以上地理图层信息有效叠加到相同区域,以揭示不同地理事物之间的空间关系,判断地理事物的分布形态、推断地理事物间的空间过程,做出决策的思维过程。

【教学内容】行星风系与气候。

【具身工具】地理学具——气候的形成与分布演示学具(世界气候类型图、气压带风带分布透明片)。

【具身活动】将气压带风带透明片叠加在气候分布图上,根据气压带风带的性质(冷暖干湿)推测不同气压带风带控制下的气候特点和分布;将气压带风带透明片上下移动,解释地中海气候、热带稀树草原气候等受到气压带风带交替控制的气候成因。

【地理空间思维培养】"手动 GIS"学具——运用 GIS 要素叠加的原理,实现图层信息叠合,揭示地理要素在空间上的相互关联。帮助学生综合考虑各因素的影响,较快较好地理解气候的形成与分布。学具由气候类型分布底图、气压带风带透明片、地形和洋流分布透明片三部分组成。世界气候图和地形、洋流图都分成了东半球和西半球两部分,这有助于在认识气候时强化大陆东西岸的意识,也有利于聚焦局部区域。学生可以在任务引领下,开展动手动脑的具身认知。

2. 培养空间关联思维

空间关联思维是将不同区域的地理事物或者同一区域的不同地理要素进行比较、分析,辨识其地理空间关系(相关关系或因果关系),或结合实际纬度,分析概括地理事物在空间上的演变与联系的思维过程(时空思维)。

【教学内容】洋流成因。

【具身工具】模拟实验——水盆、胶管、纸屑、自来水等实验器材。

【具身活动】四组模拟实验具体见表 4-9 所示。

表 4-9　洋流的成因实验

实验内容	实验器材	实验步骤	实验现象	实验图解
1. 风海流及补偿流	水盆、胶管、纸屑、自来水	在盛水的盆上撒些纸屑,用胶管一端对着水盆中间平行连续吹气	吹气时水带动纸屑形成环流运动,图中实箭头为风海流,虚箭头为补偿流	吹气
2. 盐度差异引起的密度流	两个人口的方形透明玻璃管、食盐、自来水、墨水	在盛满水的玻璃管一口放入一些食盐,随后在两口各滴一点墨水	加入食盐的一侧水下沉,而另一侧水上升,并对流循环	加盐
3. 温度差异引起的密度流	一个人口的方形透明玻璃管、自来水、墨水、酒精灯	在盛满水的玻璃管一侧底部放在酒精灯上加热片刻,随后在人口滴一点墨水	加热的一侧水上升,而另一侧水下沉,并对流循环	酒精灯

（续表）

实验内容	实验器材	实验步骤	实验现象	实验图解
4. 世界洋流形成与分布模式	透明玻璃水槽，两侧有三个小孔，分别插入胶管，表示信风带、西风带、极地东风带	在盛满水的槽里撒些纸屑，三个学生对着胶管同时连续吹气	吹气时水带动纸屑形成两个环流运动，很清楚地投影在屏幕上，分别表示低纬环流和中高纬环流	极地东风 中纬西风 低纬信风

【地理空间思维培养】在洋流成因实验中可以直观地看到水的流动，实验1—3是学生经历感知、想象、联系、比较等思维方法，通过空间推理，调用空间关联思维，分析得出盛行风、盐度差异、密度差异是洋流形成的重要因素。实验4则是模拟在世界这样大的空间尺度下洋流分布的模式，实现了书本静态图幅到实验动态空间结构的转换。

3. 培养空间类比思维

空间类比思维是比较同一地理事象在不同情境下的时空异同现象的思维过程（在相似的地理位置上，推理相距较远的地区有相似的地理现象和地理特征）。

【教学内容】太阳直射点的移动规律。

【具身工具】地理学具——地球仪、代表太阳直射点的十字架。

【具身活动】演示地球公转周期，观察太阳直射点在地球表面的运动状态，在示意图中画出太阳直射点的移动范围，归纳太阳直射点在地球表面的移动规律。

【地理空间思维培养】在地球公转运动的教学中，教师选择地球仪和表示太阳直射点的十字架作为地理学具。十字架是自己动手制作，与地球仪的大小要配套。十字架中心表示太阳位置，十字架水平箭头表示太阳直射光线，水平箭头延伸至地球表面的纬线就是太阳直射点的纬度位置。地球仪上将赤道、回归线用红笔描出来，更加醒目。活动中关注太阳直射点的移动范围及其纬度位置。通过视角转换和维度转换，将球面转化为平面，将三维转化为二维，以直观、简洁的方式抽象出太阳直射点的移动规律示意图，实现动态与静态空间的转化，完成空间思维建构过程。

三、教学课例分析

 课例1:设计实验实现地理事象可视

热 力 环 流

（执教:上海市青浦高级中学　俞琼）

一、教学内容

1. 气压与风:感知气压变化和大气的水平运动——风,抽象概括"同一水平面高压流向低压,产生风"的空间过程。

2. 热力环流原理:推理热力环流形成过程,建构热力环流空间模型。

二、教学设计

（一）气压与风

1. 设计意图:该内容主要涉及的空间知识有空间方位、空间形态和空间过程,重在培养学生的空间定位和空间计算思维。

2. 教学目标:通过吸耳球演示实验,进行具身观察,感知风压关系,分析近地面热量变化引起的空气运动过程,推导出风的成因。

3. 教学过程

【具身工具】实验器材——吸耳球、蜡烛。

【具身活动】步骤一,挤压吸耳球,对准蜡烛烛焰后蜡烛熄灭,如图4-10所示;步骤二,抬高吸耳球,挤压吸耳球后蜡烛未熄灭,如图4-11所示。

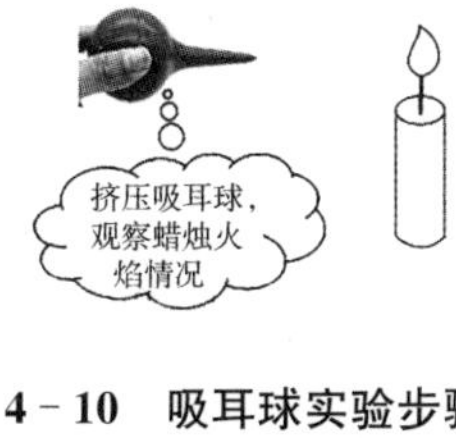

图 4-10　吸耳球实验步骤一 　　　图 4-11　吸耳球实验步骤二

【地理空间思维培养】挤压吸耳球,对准蜡烛烛焰后蜡烛熄灭:帮助学生直

观感知气压变化和大气水平运动——风,并推测高压和低压的空间比较,建构"风是高压流到低压"的空间关系。抬高吸耳球,挤压吸耳球后蜡烛未熄灭:帮助学生进一步进行空间定位,最后抽象概括出"同一水平面高压流向低压,产生风"的空间过程。

4. 教学效果分析:"同一水平面高压流向低压,产生风"的地理事象中内隐有空间位置、空间形态、空间关系和空间过程等空间属性,其主要思维方法有感知、定位、比较、判断、概括等。据此,将"同一水平面高压流向低压,产生风"重构为空间感知(气压、风)—空间比较(高压、低压)—空间定位(同一水平面)—抽象概括(同一水平面高压流向低压,产生风)的思维流。通过直观感知,帮助学生认识"风在哪里?"和"风是什么样子的?"两大基本问题。

(二) 热力环流形成过程

1. 设计意图

该内容主要涉及的空间知识是地理要素的空间动态过程,重在培养学生的空间转换和空间解构思维、空间建构和空间叠加思维。

2. 教学目标

通过教师演示实验,进行具身观察,感知大气的水平运动(风)和垂直运动。理顺温压关系和气压关系,解释热力环流形成过程。

3. 教学过程

【具身工具】热力环流模拟实验材料——改装后的大塑料瓶和小塑料瓶各一只、橡皮泥、打火机、蜡烛、纸蛇。

【具身活动】完成模拟造风实验,观察蜡烛火焰的变化和纸蛇的运动变化。

实验安全要求:①使用打火机时注意安全;②点燃的蜡烛不要太靠近塑料瓶壁,以免塑料瓶受热熔化;③抓紧时间观察实验现象,观察完毕立即熄灭蜡烛,再填写完成实验记录与分析,以免塑料瓶受热过久熔化。

实验步骤:①把小塑料瓶瓶口卡进大塑料瓶外壁的洞里,周围用橡皮泥封紧,组装成模拟实验装置,如图 4-12 所示;②放置蜡烛于桌面,点燃蜡烛,观察蜡烛的火焰状况;③把模拟实验装置罩在燃烧的蜡烛上,火焰对着小塑料瓶口,再次观察蜡烛的火焰情况;④用手抓住纸蛇尾部的线,对准瓶口进行观察。

图 4 - 12　热力环流实验装置图示

【地理空间思维培养】教材提供的热力环流形成示意图是静态的,学生难以形成立体构思和时空观念,难以将抽象的空间转化为头脑中的具体空间。借助具身工具,通过具身活动深度参与,借助简易可得的材料和实验方法模拟自然界中动态的地理空间事象。利用其直观性的特征,实现地理现象动态过程和要素联系的可视化,帮助学生明确地理要素的空间关系和空间动态过程,引导学生准确描述、分析、归纳空间动态过程及其规律。

4. 教学效果分析

热力环流模拟实验利用了烛焰偏移和纸蛇转动等现象,可视化地创设了水平方向和垂直方向的大气运动。学生通过感知、类比、想象等思维方法,在头脑中形成大气运动的空间过程。同时,通过点燃蜡烛模拟近地面大气受热情况,引导学生进行过程分析并确认其关联要素,以及关联要素与地理空间存在的关系,推导出风形成的过程和根本原因。通过造风实验帮助学生更立体直观地认识"大气是怎样运动的?"和"大气为什么运动?"两大基本问题。

(三) 热力环流空间模型

1. 设计意图

空间模型是对地理事物概括的可视化表征手段,反映地理事象的空间要素、空间组合和空间结构等,反映地理事物及地理要素的结合与联系。

2. 教学目标

在造风实验的基础上,通过填图、绘图活动,引导学生对热力环流的空间形态进行再解析,通过多要素的叠合和联系,将热力环流规律重构起可视化的表达方式,明确地理要素的空间关系,建构热力环流空间模型。

3. 教学过程

【具身活动】①在图 4-13 中添画箭头表示空气流动的方向。②在○里填入"受冷"或"受热",在□内填入"低压"或"高压"。③根据绘图、填图结果,解释热力环流的过程。

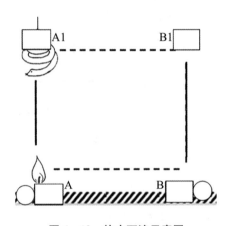

图 4-13 热力环流示意图

【地理空间思维培养】地理的空间思维大多具有空间形象,空间模型是对地理事物概括的可视化表征手段,反映地理事象的空间要素、空间组合和空间结构等,反映地理事物及地理要素的结合和联系。在该空间模型中,包含了对空间概念属性的重构整合,包括:空间组合——水平和垂直方向;空间要素——气温、气压、气流;空间结构——等压面"高凸低凹"、近地面和高空气压相反;等等。该模型是对大气运动成因与基本规律的抽象化浓缩式表述,表达了近地面和高空的温压关系和气压关系、水平方向和垂直方向大气的运动,并用点、线、面等形式,对多地理要素在空间上的状态进行了排列组合。

4. 教学效果分析

在造风实验的基础上,通过填图、绘图活动,引导学生对热力环流的空间形态进行再解析,通过多要素的叠合和联系,将热力环流规律重构起可视化的表达方式,建构热力环流空间模型,正确表达出热力环流的形成过程。绘制箭头,使热力环流的空间结构具象化;要素填图,对多地理要素在空间上的状态进行排列组合,将地理事象和规律结构化。

课例2:运用地球仪实现空间视角转换

地球公转(1)

（执教:华东师范大学第三附属中学　赵彩霞）

一、教学内容

1. 地球公转的空间形态;具身演示地球公转运动。

2. 黄赤交角:建构黄道面与赤道面的空间关系,归纳太阳直射点在地球表面的空间移动过程。

二、教学设计

（一）地球公转的空间形态

1. 设计意图

该内容主要涉及的地球公转的空间知识有空间形态和空间过程,重在培养学生的空间定位、空间解构与建构思维。

2. 教学目标

通过具身观察公转的演示、身体参与地球公转的操作活动,提升学生对地球公转形态的空间感知。

3. 教学过程

【具身工具】地理学具——地球仪。

【具身活动】学生实物演示。以小组为单位,操作地球仪进行地球公转演示,观察地球是如何进行公转的,以及公转方向、公转轨道是怎样的。

【地理空间思维培养】研究太阳系中地球的公转运动,是将空间尺度定位在大尺度空间——太阳系中。在太阳系之外俯视太阳系,在宇宙空间的视角认识地球的公转特征,判断地理事物的空间运动特征和形式。

4. 教学效果分析

地球公转运动空间尺度大,学生自己操作地球仪进行实物演示,将视角定位在太阳系之外,就能"看到"地球的公转。通过视觉观察,以俯瞰视角初步感知地球公转的基本空间形态特征,通过空间尺度变化引起空间视角的转换。

(二) 太阳直射点的移动规律

1. 设计意图

该内容主要涉及的地球公转的空间知识有空间形态和空间过程,重在培养学生的空间定位、空间解构与建构思维。

2. 教学目标

通过具身观察公转的演示、身体参与地球公转的操作活动,提升学生对地球公转形态的空间感知。

3. 教学过程

【具身工具】地理学具——地球仪、代表太阳直射光线的十字架。

【具身活动】学生以小组为单位,演示地球公转运动(地球公转时,地轴的倾斜方向要保持不变)。观察太阳直射点的最北、最南位置在哪里,总结太阳直射点移动的纬度范围,并在图 4-14 中绘制出来。

教师引导:将地球公转运动转化为平面示意图,如图 4-15 所示,请学生判断二分二至日在图中的位置。

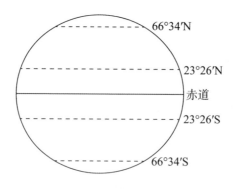

图 4-14 太阳直射点的移动规律

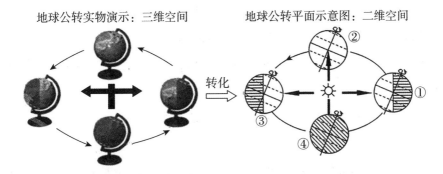

地球公转实物演示：三维空间　　　　地球公转平面示意图：二维空间

图 4‑15　三维空间向二维空间的转化过程

【地理空间思维培养】通过动手操作学具和合理的具身活动设计，使学生深度感知地球公转的空间形态，聚焦黄赤交角的形成。通过视角转换和维度转换，将球面转化为平面，将三维转化为二维，以直观、简洁的方式抽象画出太阳直射点的移动规律示意图，实现动态与静态空间的转化，完成空间思维建构。

4. 教学效果分析

利用地球仪与太阳模拟光线进行地球公转演示，观察黄赤交角的空间状态，学生在演示活动中动手操作地球仪，观察太阳直射点在地球表面的运动状态，在示意图中画出太阳直射点的移动范围，归纳太阳直射点在地球表面的移动规律。有了动手操作的实践经历，再利用平面图学习二分二至日，使学习难度降低。学生的认识由感性上升到理性，提升了空间转化能力，能将三维空间与二维空间联系起来，理解了地球公转过程中太阳直射点的移动规律。

四、营造实境具身场域，培育地理空间思维的实施路径

实境具身，即学生在模拟真实情境的具身环境中体验地理现象的具身认知活动过程。在模拟真实情境中，身体多感官体验、感知地理现象，在具身场域中互动、合作，增加对地理事象的感性认识，为抽象思维的形成和发展奠定基础。

在营造实境具身场域突破地理空间教学的实施中，需要注意以下事项：

第一，要根据教学内容确定具身工具和具身活动；

第二，实境具身场域往往创造的是三维、立体的，与真实环境接近的模拟场景；

第三,该环境或空间中的工具和活动与所探讨的地理现象相关;

第四,有明确的活动设计解决相关地理问题;

第五,活动设计有利于学生的体验和多感官参与,帮助学生感受地理事象的发生、发展等过程。

（一）运用地理学具,实现地理空间转换

1. 静态空间思维动态化

地理学科所研究的空间是动态变化的,空间各要素相互联系,但教材提供的空间示意图往往是静态的,学生在阅读教材时难以在头脑中正确把握地理现象的运动变化规律。在地理教学过程中,大部分教师会借助多媒体设备播放模拟地理现象运动的动画,帮助学生正确揭示其动态变化过程与规律。但多媒体设备提供的素材往往只能在课堂上呈现几分钟,甚至更短的时间,不能贯穿课堂始终,学生无法进行深入学习,而简易的地理学具恰好弥补了这一不足。布鲁姆在其掌握学习理论中提出,只要提供足够的时间和适当的帮助,95％的学生能够高水平地掌握一门学科的知识与技能。因此,运用地理学具模拟地理现象的空间运动过程具有重要意义,学生可以一边观察思考一边动手实践,并且学具能够长时间摆放在讲台上或学生桌面上,学生在听课过程中产生疑惑时可随时对其进行观察思考,帮助学生形成动态的空间思维。

2. 平面空间思维立体化

课堂提供的图像素材经常是以平面的形式呈现,学生难以灵活地将平面空间立体化。许多地理现象的发生发展问题仅停留在平面思维中,往往得不到很好的解决。因此,要培养学生的立体空间思维,首先要抛开平面空间思维,而简易的地理学具却能够较好地在课堂上实现平面空间的立体化。通过教学现场演示地理教具,实现地理现象空间结构的可视化,有利于学生观察、记录、分析地理空间内部结构的各种关系,能够基于三维地理空间对地理现象的发生发展进行有效的思考探究。许多地理现象发生在三维空间中,常常涉及地理事物在水平和垂直两个尺度上的运动发展。如"大气运动"中的热力环流、三圈环流、天气系统等地理现象,学生的立体空间思维是掌握这部分内容的前提条件。教师可以立足实际教学需要,利用地理学具展示直观的三维地理空间,突出教学重点,突破教学难点,培养学生的立体空间思维能力。

3. 微观空间思维宏观化

微观空间思维宏观化,是指通过改变分析空间的微观尺度,从宏观上进行观察、比较、概括空间格局的能力。有别于化学、物理等学科,地理更加强调基于宏观的整体性和统一性思维来认识空间。实际教学中,部分学生会过分关注地理空间的个体要素和局部特征,忽略从宏观的空间视角认识地理现象。因此,教师在分析地理空间微观要素时,要充分考虑地理空间事物之间的必然联系以及培养学生不同尺度的空间认知,促使学生实现微观空间思维的宏观化。地理学具对于学生宏观空间思维的培养具有较大作用,利用学具,同时借助板图板画等辅助方式,帮助学生从较大尺度上认识地理事物与现象的空间变化和发展过程。

4. 实现空间思维建模

地理空间思维建模的过程如图 4-16 所示。教师根据教学内容,借用学具使学生积极参与实践活动,获取感性认识,再通过空间转换,形成理性认识,使地理理论知识与实际生活联系起来,建立空间思维体系,实现地理空间思维建模。

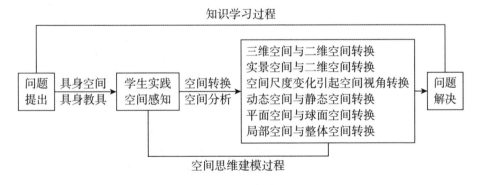

图 4-16　空间模型建模

(二)基于事象可视,设计实践地理具身实验

如图 4-17 所示,按具身实验教学的环节整体设计活动流程,并总结出各环节具身活动的实施要点。

1. 解构地理知识空间要素,确保具身实验的可行性

实验设计的基本原则是,基于地理空间属性和地理空间思维教学,确保具身

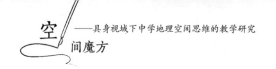

实验教学的有效性和实施的可行性,并且要有助于学生认识抽象的地理事物,有助于揭示复杂的地理成因,有助于观察地理演化的过程,有助于寻找地理要素的关联。

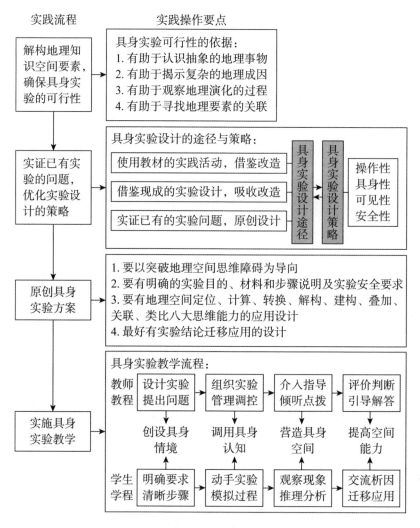

图 4-17　地理具身实验流程和实施要点

2. 实证已有实验的问题,优化实验设计的策略

具身实验设计的途径可以是使用教材中已有的实践活动,进行借鉴改造;可以是借鉴现成的实验设计,进行吸收改造;也可以是证实已有的实验问题,进行原创设计,确保实验具有操作性、具身性、可见性、安全性的基本特点。

3. 原创具身实验方案

如果进行具身实验的原创设计,应有别于普通实验方案并突出以下主要特点:一要以突破地理空间思维障碍为导向;二要有明确的实验目的、材料和步骤说明及实验安全要求;三要有地理空间思维能力的应用设计;四是最好有实验结论迁移应用的设计。

4. 实施具身实验教学

具身实验教学包括教师教程和学生学程两部分,各自包括相对应的四个环节,按照创设具身情境—调用具身认知—营造具身空间—提高空间能力的教学过程依次展开。

（三）实境具身培养地理空间思维的过程

考虑到地理事象是不可见且难感知的,地理概念原理是抽象的,从学生认知过程的角度来看,实境具身对地理空间思维的培养要经历以下过程:首先,明确地理要素中直观的空间属性;其次,明确地理要素的空间关系;再次,明确地理要素的空间动态过程;最后,熟悉不同空间视角的地理要素。在空间感知阶段,利用实物支持,设计具身活动,通过实境具身场域的营造,实现地理空间属性的可视化和地理事象空间视角的转换,进一步运行和培养地理定位思维、空间计算思维和空间转换思维。在空间感知的基础上,对地理事象的空间属性进行解析与提炼,建立空间结构或空间模型,进一步运行空间解构思维和空间建构思维,促使学生的地理空间认知不断深化。

第三节　虚拟具身场域的营造

梅洛·庞蒂认为,所有的感知活动都必须在对应的知觉场中才能完成,知识是以已有经验为前提,在"物体—环境—身体"的整体结构下,是在认知主体与认知对象和环境之间发生的创造性、生成性互动中形成的。基于这一整体认知结构,可以得出的观点是:认知内嵌于环境之中,基于不同环境与互动活动中形成的认知不尽相同。"一方水土养一方人"这一地理学中诠释地域文化分异的俗语,就从一个侧面印证了具身理论的重要理念。地理学的研究对象包罗万象,中学地理教学需要构建丰富、真实且具有差异的地理环境作为学习真实发生的环境。信息技术作为一种重要的媒介工具,用以突破学校教室的时空边界,搭建虚拟具身场域,就显得十分重要。

一、虚拟具身场域

(一)虚拟具身场域的概念

地理教学中需建构的具身空间应反映地理事象发生、演化所存依的地理空间,这一空间或范围宏大,如太阳辐射、大气环流、水循环等涉及整个地球表层空间,或与学生日常感知到的生活空间相去甚远,如冰川地貌、雅丹地貌等。教学中无论是运用校园周边地理环境实现真实场景感知,还是通过地理模具实现模拟场景感知都有明显的局限性,难以支持学生具身感知空间,并理解地理学中诸多宏大的主题。教师在教学中难以搭建起"人"与"空间"的直接联系,教学效果不佳,这往往成为直接影响地理教学成效的难点。为此,应用信息技术实现地理空间的虚拟仿真,在教室搭建虚拟具身场域是深化中学地理空间教学的一大突破口。

虚拟具身场域,是指利用信息技术处理地理空间数据,用以模拟、再现真实的地理环境,可视化地展示地理事象,使得学生的视觉、听觉等感官在虚拟仿真时空中发生交互,以感知地理要素、体验地理现象的具身空间。

建构虚拟具身场域的基础是采集获取地理空间信息,以及利用信息技术实现地理空间信息的再表达。通过微缩展示真实地理空间,或是构建仿真模拟空间,抑或是将空间数据在地图上可视化展示,信息技术搭建了模拟真实地理空间的虚拟具身环境。如谷歌地球等三维数字地球软件可以模拟、展示真实地形,星图等软件则可以模拟地面观察者看到的天球星空。在这一过程中,学生、技术、地理环境间形成了"人—技术—空间"这一稳定的结构关系,使得认知动力得以不断维持和发展,完成自经验向知识的建构转变。

(二)虚拟具身场域在地理空间教学中的意义

虚拟具身场域是通过信息技术所搭建的模拟地理空间的"知觉场"。面对庞大、复杂的地理空间信息,运用信息技术可以直观、有选择地呈现地理事象的空间属性,增进人们对地理空间的感知,引导空间分析进入更深刻的维度。在新冠疫情期间,疾控专家运用地理信息技术制作疫情分布地图、感染者行动轨迹图等专题图表,能够更好地把握疾病传播的趋势,为制定更合理的公共卫生决策提供支撑。对公众而言,信息技术也成为了解疫情进展的热点窗口。美国约翰斯·霍普金斯大学的疫情地图成为全世界网民关注的焦点,公众通过地图、图表的交互可以快速获知疫情信息。信息技术搭建了地理环境与人的桥梁,使所有人都能更直观地把握地理空间特征、比较空间分异、分析空间联系,以解决复杂的社会问题。

虚拟具身在具身场域中有其独特的优势,既突破了实感具身所需依赖的时空限制,也相较于实境具身有更高的仿真度,更适用于复杂度高、更多要素综合的空间过程可视化模拟。从具身认知过程的角度看,学生通过虚拟具身场域形成的"在场感"体现在两个方面。一方面是建立了学习的场景。信息技术在不同程度上模拟或具现了原先难以感知的地理场景,建立了以学习、体验为目标的虚拟场景。通过直观而真实地感受地理环境各要素在虚拟场景空间中的配置状态,降低了从文字和图片信息中提取地理空间信息的难度,减轻了大脑中进行空间认知与转换的压力。另一方面是促进了在场学习的行为。学习过程中,学生的视觉、听觉等诸多感官均参与对场景的感受,使得学习在脱离教室的虚拟地理环境中发生,所有感觉、经验均是在虚拟地理环境中获得,技术成为人感知觉的自然延伸。学生可以在信息技术搭建的虚拟具身环境中"身临其境",实现人与地理空间交互的真实体验,生成基于现场体验的丰富感知经验。

新一轮课程改革也要求师生主动拥抱地理信息技术,鼓励师生运用地理信息技术搭建虚拟具身场域。《普通高中地理课程标准(2017年版)》在必修2的"学业要求"中明确提出,地理实践力素养要求学生在学习后"能够运用地理信息技术或其他地理工具,收集和呈现人口、城镇、产业活动等人文地理数据、图表和地图"。不难发现,新课标对地理信息技术的要求从"学信息技术"提升到"用信息技术学",信息技术不仅仅是学习内容,更成为中学地理教学中重要的学习工具。以遥感(RS)、全球导航卫星定位技术(GNSS)、地理信息系统(GIS)等为代表的地理信息技术和数字地球、虚拟现实（VR）、增强现实（AR）等新型信息技术，能够提供并展示大范围、高真实度、高时效性的地理空间信息，创造丰富多样的虚拟具身场域，极大地帮助学生突破课堂的时空限制，增进学生对地理空间的感知，促进学生调动地理空间思维思考解决实际地理问题。恰逢其时，越来越多的地理信息平台向公众开放了查询、可视化、数据处理等功能，这也为中学地理教学引入强大的信息技术工具、创造教室内的虚拟具身场域提供了更加现实和可操作的便利条件，信息技术支持下的地理具身教学新形态方兴未艾。

二、虚拟具身场域的主要媒介

可用于建构虚拟具身场域的信息技术种类繁多，根据实现的媒介，可以将其分为传统多媒体技术，AR、VR、MR 等体感技术，以及地理信息技术等类型。

（一）传统多媒体技术

传统多媒体技术在地理教学中应用已久，如电子版教材、地图、音视频资料是最基本的形式。随着技术发展，陆续开发出带有交互功能的电子图库类软件，以及种类多样的 Authorware 与 Flash 动画、数字地图等，极大地丰富了地理课堂的教学手段。

传统多媒体技术的优势在于专用性强、容易操作且非常直观。教师找到合适的数字资源后，运用基本的计算机操作进行快速整合，制作出有丰富音画素材的 PPT，用来开展教学，已是普遍成熟的方式。然而，传统多媒体技术也有其明显的劣势，随着信息技术日益深入学生的生活，简单的图片、动画与音视频的效果单一，交互性与体验感差，调动学生感知觉兴奋的能力弱，也就难以使具身效应发生，较难在课堂上形成有效的具身认知环境。

 课例

运用传统多媒体技术开展"等高线地形图"教学

（执教：华东师范大学第二附属中学　杨秋彬）

一、虚拟具身工具：传统多媒体技术——等高线地形图软件

传统图片、地图等多媒体素材难以产生具身效应，但该软件通过 3D 建模、

仿真贴图和交互设计,增强了学生与场景交互、视角转换的能力,增强了学生的具身感知。该软件为某中学地理教师开发,通过操作按钮,界面上可以显示模拟三维山体、等高线、海拔标尺等地理信息,通过鼠标拖拽,可以转换视角,从侧视、俯视等角度观察不同海拔的等高线与山体地形之间的关系。

图 4-18　"等高线地形图"软件界面

二、具身活动

"等高线地形图"一课所建构的虚拟具身工具是望月峰的等高线图与三维模型。这一空间较现实真实山地等高线大幅简化,仅保留了等高线地形图中常见的五大山地地形部位,将现实空间转化为了理想的教学空间。通过点击程序提供的交互按钮,等高线、山体模型、高程值可以选择性地展示或隐藏,或者拖拽鼠

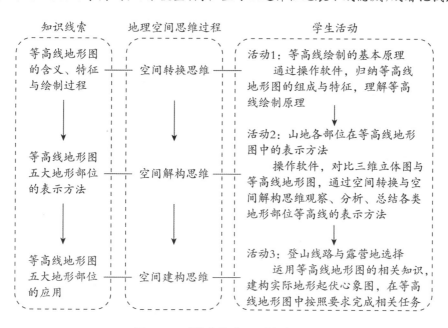

图 4-19　"等高线地形图"教学设计

标可以转换观察视角。这有利于学生通过与虚拟空间的交互理解等高线地形图的绘制过程。最后,教师巧妙地设计了登山线路、露营地选择两个真实问题,鼓励学生的思考探究,引导学生在空间视角转换的基础上,将筛选的图层信息加以叠置,最终推理得出合适选址,有效地调用了学生的空间推理思维,实现空间知识认知从理解到应用的思维提升。

三、应用效果与思考

"等高线地形图"的部分知识具有抽象性、复杂性、综合性的特点,学生需要通过空间抽象、视角转换、空间解构、空间建构等思维方式进行理解。该课不仅涉及自然地理环境要素中的地形、河流、气候等内容,而且与人口、城市、农业、交通等社会经济要素紧密相连。

由于等高线地形图是一类将高程信息概括表示的方法,学生往往难以进行日常侧视视角与地图俯视视角的转换,在判断地势高低、凹凸等方面存在困难。这是中学地理课程中的难点。本课借助等高线地形图形成软件,将山地微缩,营造虚拟具身场域,把等高线地形图的形成过程具象化,为学生的空间转换和空间想象搭建平台,引导学生在自主操作软件的过程中理解等高线地形图的含义,归纳重要地形部位等高线的数值变化特征与线线关系,有效地突破了教学难点。本课内容除完成等高线地形图的知识教学目标外,数字化教学资源也有效地支持学生在实践中进行动手操作、动态模拟、图形转化,实现从侧视到俯视的视角转换,从实景到等高线地形图的空间解构,从等高线地形图到实景心象图的空间建构。学生在体验地理空间转换思维、地理空间解构思维和地理空间建构思维的过程中,达成了训练提升地理空间思维能力的教学目标。

(二) AR、VR、MR 等体感技术

AR、VR、MR 技术分别是增强现实(Augmented Reality)技术、虚拟现实(Virtual Reality)技术和混合现实(Mixed Reality)技术。这些都是将虚拟环境与真实环境相结合的体感技术,通过尽可能地模拟真实环境的感知体验,或在真实环境中扩充感知信息,可以大大地增强体验感和临场感。这些技术能搭建最为接近现实的虚拟具身场域,具有最为逼真的感知体验效果。

1. 增强现实技术(AR)

增强现实技术是利用电脑技术将虚拟世界的图像和动画信息与捕捉到的真实世界图像信息相叠加,通过手机、平板电脑等设备融合显示的技术。这一技术将实际事物与虚拟信息相关联,赋予实物更多的信息,增强了视觉效果和互动感。

目前一些地理类的应用程序增加了 AR 功能,实现了基本的增强现实体验。如在手机应用程序"太阳测量师(Sun Surveyor Lite)"中,可通过调用摄像头拍摄街景与太阳、月球的位置,并在屏幕显示的实时图像上叠加地平坐标系与太阳、月球的视运动轨迹,将原先难以表达的太阳视运动规律和太阳方位角、太阳高度角等概念在屏幕上显像化(如图 4-20 所示),用以支持学生更好地理解地球自转、公转产生的地理现象与意义。AR 技术也在与传统地理教具相融合。如"AR 地球仪"等新型软件通过摄像头拍摄地球仪,可以在软件内调取不同图层叠合在地球仪上进行显示。一个地球仪可以既显示政区国界,又显示全球等温线分布、洋流分布、大气环流等地理信息,极大地丰富了地球仪的显示效果。随着自主转动地球仪、摆动地球仪至不同视角,学生可以观察到关于地理事象立体、多维度的空间分布模式,形成对空间的多层次感知。此外,AR 技术还可与体感互动技术结合,课堂上学生的动作信息可以被感知和捕捉,加以影像辨识后,AR 的显示内容会对应发生变化,使得课堂虚拟实境"显示—互动—反馈显示"的深度交互成为现实。目前,如图 4-21 所示,AR 地理沙盘在等高线地形图与地貌教学中的探索就取得了很好的效果。

图 4-20 基于 AR 学习太阳周日视运动

图 4-21 AR 沙盘实时等高线设色显示

2. 虚拟现实技术（VR）

虚拟现实技术是借助计算机图形学、仿真技术、多媒体技术等多种技术模拟人的视觉、听觉、触觉等感知活动，创建模拟环境使用户得以沉浸体验的技术。虚拟现实技术发展迅猛，从初期只能观察虚拟环境到现在可以捕捉人的手势、眼神和语言信息，实现实时交互功能。虚拟现实技术提供了真正完整的虚拟仿真世界，突破了时空条件限制，实现具有沉浸感的"就地感知"。

目前被广泛应用的是头戴式 VR 设备，也因此产生了一系列 VR 体感体验项目，如 VR 过山车、VR 游戏等。而在地理教学中，VR 常被用于虚拟显示真实世界，身临其境地观察地理事象。如谷歌推出的"实境教学（Expeditions）"应用程序，学生可以在教师的指导下参与或自主设计 AR、VR 学习课程，戴上 VR 眼镜就可以仿若亲临世界第三极。如图 4-22 所示，可以观察珠穆朗玛峰冰舌、角峰等冰川地貌，也可以翱翔高空，俯瞰大平原上的中央圆形灌溉系统，或者是潜入深海，环视围绕在身边的珊瑚堡礁。在活动中促进理解，形成概念图式，在虚拟时空中洞见真实。

图 4-22　运用"实境教学"VR 观察珠穆朗玛峰冰川地貌

3. 混合现实技术（MR）

混合现实技术则是在虚拟现实技术的基础上更进一步，在虚拟环境中引入现实场景信息，搭建虚拟环境与现实环境的深度联系。不同于 VR 技术呈现的全部是虚拟环境，也不同于 AR 技术简单地叠合虚拟信息与真实环境，MR 技术是将现实场景的信息与虚拟场景的信息融为一体，在虚拟环境中模拟对现实场景的改变，增强体验过程中的真实感。目前这一技术仍然在发展的初步阶段，是未来值得期待应用于地理空间教学的新技术之一。

基于 AR、VR、MR 的体感技术搭建虚拟具身场域,应用于中学地理空间教学有其独特、显著的优势。首先,这些技术可以创造与实际地理环境相比高度仿真的虚拟环境,显示效果非常吸人眼球,让学生在体验中仿佛身临其境,有助于学生快速沉浸于虚拟具身环境,基于仿真环境进行具身学习。其次,这些技术因其具备体感交互的能力,学生在场景中目光的转移、聚焦,或是肢体动作的变化都能够引发显示内容的变化与反馈。学生不仅能调用视觉,也在使用触觉、动作等多种感知觉进行学习。参与式体验与身体支持使得学生能快速建立对地理事象的印象,不同学习风格的学生都能从中找到自己所适应的感知方式。

然而,目前运用 AR、VR、MR 等技术开展地理教学还有其困难和缺憾。在课堂上运用此类技术需要专门的开发程序与体感传感器,研发成本与硬件成本都很高,且产品成型后教师很难在平台上进行二次开发,严重限制了此类技术应用于课堂的适应情景与教学过程的设计。而且,这些设备往往泛用性弱,一种设备仅能用于一个篇章或专题的教学。需要配置的仪器多也限制了其进一步推广。此外更重要的是,AR、VR、MR 固然能创建高仿真的虚拟具身场域,吸引学生的高度专注与具身体验,但与此同时,学生投向同学、教师的注意力就大大降低,师生课堂交互会显著弱化,传统教学中一问一答或边讲授边学习的方式难以适应新的技术。在教学上,教师需要重新设计课堂活动,使问题、任务的设计与之适应,配套的教学法也还需要探索和突破。

（三）地理信息技术

地理信息技术主要包括遥感技术(RS)、全球导航卫星技术(GNSS)和地理信息系统(GIS),通常并称为"3S"技术。它们是地理学强大的"独门武器",通过获取地理空间信息、数据处理和可视化展示,地理信息技术可以将复杂综合的地理信息有序地呈现在屏幕上,支持更加复杂的空间计算与推理。在地理教学中,大量地理空间信息是以文字描述、景观图片等方式加以呈现的,学生则需要根据自身想象,结合生活感受理解地理现象和过程。由于地理学研究的地理空间过于宏大和复杂,人脑无法像想象立方体模型一样直接建构想象的地理空间,学生通过阅读图表文字信息等离线具身认知过程(指依托个体经验、心理想象或他人描述所唤起的具身效应,又被称为想象具身)学习地理就有不小的难度。而通过地理信息技术强大的可视化功能,文字、数字、图片所涵盖的地理空间信息可以被转化为直观的地图、地理空间模型,将难以具身的图文数据转换为虚拟具身场域,在这一过程中使空间感知变得直接而具象。

教师在地理教学中既可以单一使用地理信息系统(GIS)媒介开展教学,也会综合运用"3S"技术获取并呈现丰富的地理信息,很多时候使用的是集成了"3S"功能的一系列地理应用程序(App)。

1. 地理信息系统(GIS)

地理信息系统根据其搭载平台的不同,可分为桌面地理信息系统和在线地理信息系统两类。

(1) 桌面地理信息系统(桌面式 GIS)

桌面地理信息系统是运行于桌面计算机上的地理信息系统,常见的系统包括国际上的 MapInfo、ArcGIS、GeoDa、Quantum GIS 等,以及国内的 SuperMap、GeoStar、MapGIS 等软件。此类软件都可以在普通台式计算机上运行,已经具备了大众化使用的能力,具有以往地理信息系统所不曾具备的重要优势。而且此类桌面式 GIS 软件往往由核心程序和多个组件共同构成,组件为其提供了丰富的扩展功能,如 ArcGIS 的 ArcScene 工具就提供了强大的三维地理空间显示功能。因此,桌面式 GIS 平台的核心优势在于功能丰富,可以轻松实现图层叠置、可视化表达、多视角显示、空间计算等功能,可以支撑学生学习过程中涉及的复杂地理空间分析过程。

也正是因其功能完备,桌面式 GIS 平台引入课堂教学也有其弊端。一是体积庞大,配置条件要求高。因为承载了丰富的显示、分析功能,桌面式 GIS 软件占据存储空间多,运行要求高,一般学校教室的电脑难以支持其流畅、快速运行所有功能。二是平台兼容性差,价格昂贵。桌面式 GIS 软件只能在桌面计算机上运行,相关数据也只能在单一计算机上运行,缺乏对手机端、平板端的兼容支持,也缺乏数据的共享支持。这使得运用桌面式 GIS 软件的教学要么做教师展示使用,要么就只能在电脑机房上课,而单一计算机软件授权动辄上千元,无形中给教学增加了许多限制。

课例

运用 ArcGIS 开展"流域综合整治"的教学

（执教：华东师范大学第二附属中学 潘捷）

一、虚拟具身工具：桌面式 GIS 系统（ArcGIS、ArcScene）

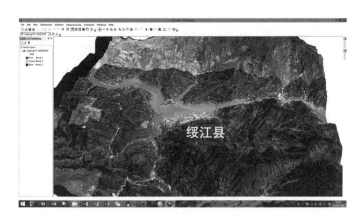

图 4-23 利用 ArcGIS 制作绥江县及周边环境三维模型

　　ArcGIS 是一个功能强大的桌面 GIS 软件，拥有丰富的数据管理、分析和可视化显示的功能。利用 ArcGIS 对遥感图像、高程信息进行三维模型化处理后，即可在 ArcScene 中建构虚拟地理实境，让平面遥感图变得立体。通过鼠标的拖拽和缩放，学生即可对地理环境进行多视角且兼顾细节和整体的观察。

　　二、具身活动

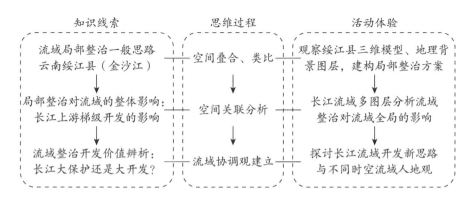

图 4-24 "流域综合整治"教学设计

　　流域整治与开发聚焦"流域"这一以水为纽带串联的重要地域空间,探讨协调流域经济、社会、生态系统的开发原则。本节课的重点是认识流域整治的原则、一般思路和方法,要让重点内容不仅作为知识"入脑",更要作为价值观"入心";对流域地理状况有"在地感"是前提;让学生以区域视角、综合思维看待流域开发对周边地理要素的影响,形成流域"山水林田湖草"的综合体意识是难点。

　　为此,教师在教学组织中首先布置学生课前预习田纳西河流域整治的案例,理解流域开发的基本方法,课上则带领学生直接以研究云南昭通绥江县金沙江流域整治的案例进行迁移运用。教师利用 GIS 技术搭建绥江县金沙江流域的三维模型"塑境"。学生通过自主活动,基于三维模型空间视角的转换和缩放,甚至以巡航模式穿行在虚拟的金沙江峡谷间"入境",能够获得远超地图俯视视角的空间感和在场感,激发具身效应感知流域空间属性,形成对当地地貌、地形坡度、流域水系的在地感知。以此为基础,学生通过关联流域空间内的不同要素,综合判断流域整治的影响,感悟基于流域空间概念的人地协调观念。

　　三、应用效果与思考

　　合理规划流域整治方案要建立在对流域空间深入认识的基础上,而学生通常受感知觉限制只能具身感受流域的一个断面或部分区域,尚未形成流域整体视角。人本主义地理学认为,在地感是认知地理环境的一个重要基础。学生通过在 GIS 平台进行三维模型观察,既可以宏观看到当地群山叠嶂的地形地势,也可以放大看到更微观的层面,如当地开山挖矿、林木种植的开发现状,更可以从地图的俯视视角切换到当地居民的平视、仰视视角。GIS 对学生地理空间格局感知的帮助可见一斑。通过图层要素叠置等探究活动,学生可以突破时空限制,改变观察尺度,自云南昭通绥江县(点)到长江(线)再到长江经济带(面),感知流域地理空间的格局特征,体会山水林田等诸多要素分布特征的关联性,平衡利弊,建构流域整治的方案,最终通过体会方案设计中的价值判断和取舍过程,建立完整流域观念下的人地协调观念。要在短时间内达到这样的探究深度和难度,就必须借助 GIS 工具的支持,让地理空间信息变得直观、立体、生动。

（2）在线地理信息系统（WebGIS）

相较于桌面地理信息系统，在线地理信息系统技术在普及性和易用性上取得了更大突破，更适用于课堂教学。在线地理信息系统又称 WebGIS 技术，是传统桌面式 GIS 技术的发展与延伸，它依托互联网的客户机/服务器系统实现传统 GIS 的显示、检索、查询、制图、分析等功能。根据课堂应用场景，WebGIS 平台可以分为两大基本类型。一类是提供定位、地图显示和导航功能的 WebGIS 平台，常见的有天地图、百度地图、谷歌地图等平台。这类平台能在课堂上快速提供基本地图服务，展示一个地区的道路、建筑等基本地理信息。这些功能在日常生活中也经常被使用。其作为一类传统空间展示工具，在此不再赘述。下面着重介绍的是第二类，即具有个性化地图展示和在线制作专题地图能力的 WebGIS 在线制图平台。其特色在于具有更强的个性化地图定制能力，支持用户自主选择地理底图，自定义地物符号与标记，自行上传地理空间数据并定制可视化方案，将更多 GIS 功能赋能给用户实现。

运用在线制图平台辅助地理空间教学有以下优势。一是在线制图平台配置需求简单，无需安装，且兼容性强，运用平板连接网络就可以进行教学，大大简化了配置条件。二是在线制图平台功能更加专一、界面更加清晰。相较于专业 GIS 软件，在线制图平台的功能少而精，覆盖了绝大多数课堂教学所需应用的情境，界面更加友好、清晰，便于学生运用，可以减少课前的学习成本，课堂运用的效率也更高。三是在线制图平台易用性强，简化了地图整饰要求，简单操作即可制作出显示效果美观、空间关系清晰的专题地图，节省了不必要的操作，有助于提高课堂效率，便于学生自主制作并自主分析得出结论。

目前，国内外有许多在线制图平台适用于中学地理空间教学。国外常见的在线制图平台有综合性的美国国家地理的 MapMaker、美国环境系统研究所公司的 ArcGIS Online，也有各机构和社会团体创立的特定主题的制图平台。国外的在线制图平台虽然数据库和种类相对更丰富，但不少平台网络访问不稳定、地图标识有误，限制了其在中学地理课堂中的运用。国内的在线制图平台则相对更稳定，也具有丰富的定制功能。国内常见的通用平台有地图慧（dituhui）、地图无忧（dituwuyou）、智图（GeoQ）等，专题平台有国家统计局数据网站国家数据地图等。通用平台一般需要用户自行准备和上传地理空间数据,但通常自主定制能力较强;而专题平台则只能显示平台上所提供的专题数据地图。

WebGIS 技术易于使用、显示效果好的优势使其能够更易和课堂教学相融合,但在教室内地理空间数据的集中上传、下载对网络带宽和负荷能力的要求较高,仍具有一定的硬件限制。因而许多情形下,教师会综合采用包括非信息技术的多种手段搭建具身环境开展地理教学,以减少对硬件条件的依赖。

课例

运用在线制图平台开展"人口分布与迁移"的教学

(执教:华东师范大学第二附属中学　潘捷)

一、虚拟具身工具:WebGIS 平台——智图

这是一个在线专题地图制作平台,提供了从点状要素到线状、面状要素等多种地理要素的专题制图方案。用户上传符合要求的地理空间数据,经简便的几步操作后就可以制作出显示效果优良的专题地图。

二、具身活动

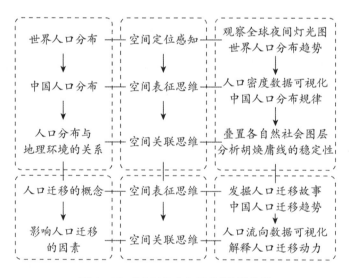

图 4-25　"人口分布与迁移"教学设计

教师在课前筛选并准备了基于全国第六次人口普查和国家统计局数据年鉴

的分省地理空间数据和图层作为教学情境素材,并指导学生使用在线制图平台绘制中国分省人口密度图,理解地理空间数据的可视化表达过程和基本制图方法。学生掌握了地理学独特的空间表征方法,开始具备自主可视化解读地理空间数据的能力。在此基础上,教师的引导减少而学生活动变得更加丰富。在课前,教师布置学生通过采访、网络调查等方式收集"身边的人口迁移故事",比较中国历史上人口迁移的过程,说明人口迁移的概念和基本形式,理解人口迁移的推拉理论。随后开展正式的任务探究,教师引导学生运用在线制图平台绘制中国 2000 年、2010 年的人口迁移流向图,制作并叠置相关社会经济统计数据专题地图。在空间表征的基础上,指导学生建立合理的空间解释,以推拉理论解释影响中国人口迁移的因素。

三、应用效果与思考

"人口分布与人口迁移"是极为贴近地理空间的一节内容,人口分布空间格局和人口迁移流向规律既反映着自然环境对人口变化的约束和限制,又反映人口活动改造自然与人文地理环境的结果。本课侧重借助地理信息系统 GIS 创设地理信息可视化实践环境,通过 GIS 图层叠置分析和专题地图制图,引导学生在自主建构和合作探究中分析人口分布格局的成因和人口迁移动力,发展学生的地理空间思维能力和人地协调观念。

通过 GIS 技术,学生可以轻松实现空间不同要素的调取和叠合,管理不同图层的显示状态,转变上下的叠置关系,减轻在分离和叠合不同空间要素时的思维压力,将更多的思维能力聚焦在发掘不同空间要素的关联性上。以在课堂上探讨中国人口分布的自然原因为例,学生通过调看在线 GIS 平台上存储的不同图层,发掘降水量、地形对耕地面积和质量的影响,建立耕地与人口密度的关联,从而理解人口分布与气候、地形、水资源间的关联:人口往往集中分布在气候适宜、地形平坦开阔、水资源充沛的地区,进而加深对人口容量中自然资源与环境是如何影响人口分布的理解。在这一过程中,学生不断选择和调用图层,实际上就是在不断建构空间关联,提升地理空间思维能力。

通过在课堂上运用 WebGIS 制作中国人口密度专题地图,对人口密度数据施以不同的分层设色效果,学生可以比较、辨别出最优的空间表征方案。在设 3 级、5 级、6 级和 8 级色中,5 级与 6 级的显示方案更能体现我国东、中、西部不同的人口密度特点,更能整体反映中国人口东多西少且东部沿海人口稠密的特点。学生一方面可以通过辨析掌握中国人口空间表征规律这一知识层面的内容,另一方面也可以在体验中感受到分层设色专题地图合理区分色级才能更好地表现地理事象的空间分布差异,这也有助于学生掌握空间表征的基本方法。

2. 地理应用程序(App)

近年来,手机、平板等智能设备的高速发展带动了越来越多应用程序的进步,涌现出一批基于地理位置服务、仿真地理空间的应用程序。这类应用程序的特点是运用虚拟 3D 技术搭建了虚拟三维空间模型,模拟真实的地理环境。此类应用程序的一大优势在于它们往往具有特定的主题,所呈现的地理信息方向明确,干扰信息少,可以在教学中高效引导学生就特定问题开展有一定方向性的探究。

另外,这些应用程序的交互性强,界面操作友好,往往通过简单的操作就可以调取合适的地理空间模型。如气象类应用程序 MeteoEarth 就搭建了虚拟的地球三维模型,如图 4-26 所示。通过调节时间,地球上的昼夜分布会发生变

图 4-26　MeteoEarth 应用程序界面

化,模拟了地球自转带来的昼夜交替现象。同时,通过调取"气象"图层的信息,软件可以模拟全球风场,直观地展示风向、风速等信息,表现全球的大气环流、气旋等大气运动形式;调取"气候"图层的信息,则可以展示全球气温、降水等的分布信息,表现全球的水热分配情况。运用软件的实时全球模型,搭配不同的显示效果,教师就可以开展有关地球自转的地理意义、大气环流、气旋与反气旋、全球气候等主题内容的教学。

表4-10中罗列了常见的应用程序及其适用的教学场景。其中一些软件在传统地理重难点的教学中取得了非常好的效果。如运用"太阳测量师"模拟日出日落、月升月落现象,解决了观测周期长、难度大、受天气影响明显的问题。通过模拟,实现升落现象的连续观测,学生可以在真实环境和虚拟环境中共同感知地理现象,加深对其空间位置的认识。目前,也有越来越多的开发者聚焦地理学习开发专门的应用程序,使用应用程序开展课堂教学的做法也陆续在中学课堂中推广开来。

表4-10　搭建虚拟具身环境的常见 App 及其应用场景

类别	手机 App	应用场景(教材相关知识点)
天文类	Solar Walk 2、Star Walk Lite、Satellite Tracker、太阳测量师	天体及天体系统、太阳视运动、日出日落方位、太阳高度、昼夜长短和太阳高度的变化规律、地球的圈层结构、月相
气象类	MeteoEarth、Storm Radar、Windy、天气雷达、新宏气象、台风、蔚蓝地图、中国气象、气象雷达	地球的运动、昼夜交替与时差、气压带和风带、东亚季风、南亚季风、气候类型及其分布、常见的天气系统、气旋与反气旋、台风、城市化、城市等级、全球洋流分布、环境监测、地理信息技术应用
地图类	奥维互动地图、百度地图、高德地图、两步路、酷玩地球、地球与国旗、City Clock	等高线的判读及应用、地貌类型的判读、交通线路选线、城市聚落的空间选择、地理信息技术、城市功能分区、经纬网、时区
AR类	妙懂初中地理、AR 中学地球仪、WWF Free Rivers	地球的运动、经纬网、板块构造、等高线地形图、中国地形地势、世界气候类型的分布、认识地球仪、大洲大洋分布、板块构造学说、世界气温降水分布、洋流的运动、中国的疆域和行政区划、主要交通运输方式、水循环的过程、"3S"技术、河流的综合开发与利用、地理信息技术

另一种地理应用程序是地理信息技术进一步高度集成后发展的新形式,即数字地球。数字地球,顾名思义即数字化的地球,是一种将所有地理事象及其变化过程在数字化环境中加以整合和运算,形成全球数字模型的技术。目前课堂上常用的 Google Earth、LocaSpace Viewer 等软件还只是数字地球技术的一个雏形。这些软件的优势在于能综合 GIS、RS 等地理信息技术,展现真实地理环境。特别是地貌形态、地形地势的数字化模型,突破了传统地图以鸟瞰视角认知地理环境的局限,可以多角度、多方位地感知地理环境,降低视觉直观感知的难度。许多地理教师已经坚持在课堂使用谷歌地球、LocaSpace Viewer 等软件多年,深入挖掘了软件功能,创造了运用标注、绘图等功能实现简易图层叠置开展等高线地形图、洋流等教学的创新方法。尽管如此,此类数字地球软件需要时刻联网、缺乏定制能力、无法增加和调取图层,以及难以实现多图层叠置的局限性,也使得它们只能在有限的场景中得以应用。

 课例

运用谷歌地球开展"洋流对地理环境影响"的教学

(执教:上海市建平中学　景思衡)

一、虚拟具身工具:地理应用程序——谷歌地球

谷歌地球是在电脑上展示的三维地球模型,学生可以运用这一数字地球仪认知地理事象的空间分布。在本课的教学中,除了谷歌地球的基本框架外,教师基于软件的功能还开发了全球气压带风带示意图、全球洋流分布图、某地气温曲线降水柱状图的图层文件,用以更好地支持学生的具身认知过程。

二、具身活动

本节课是高二的复习课,是对高一所学洋流知识的巩固与深化。学生在洋流一节中的易错点在于洋流地理空间位置的定位不准确,由此关联对大气运动、气候的地理位置判断错误。因此,本节课的教学首先通过在 Google Earth 展示的虚拟具身场域中辨识洋流,理解地理参照物对定位的作用,再建立合适的空间参照系,基于洋流成因,进一步构建世界大洋环流模型,最后通过叠加图层,整合区域地理要素,观察、思考、讨论,分析洋流的成因、分布与影响,分析各地理要素

之间、人地之间的相互关联和相互影响,促进学生地理环境整体观与人地协调观
的发展。

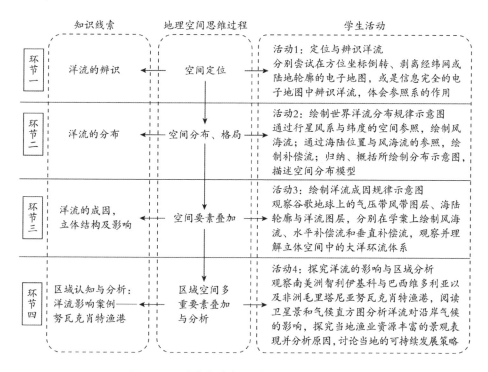

图 4‑27　"洋流对地理环境的影响"教学设计

三、应用效果与思考

洋流部分是水圈教学的重要内容,世界洋流系统尺度宏大,分布广泛,细节
丰富,影响复杂而深远。该内容的学习和复习,对学生的空间定位、转换、叠加、
联系及综合思维的形成有很大的帮助。除了相关系统知识的复习,区域的认知
和分析能力的培养也是高二学生所需要的。因此,本节课从洋流对沿岸地区的
气候、渔业的影响切入,以现实世界的案例为情境,在区域开发的视角下引导学
生认识区域、分析区域,并提出区域可持续发展策略。这是本课的另一重点。

本课以 Google Earth 为实践平台,利用 GIS 技术,使用方便、直观的空间影
像与三维数字模拟,以洋流部分的地理知识为载体,以地理空间思维为引导,从
实践中总结归纳方法,提升学生的地理能力。从实践效果来看,本节课有两大亮
点。第一点是充分利用谷歌地球提供的地理信息,如海陆轮廓、经纬网坐标等信

息,在辨析近似底图的过程中引导学生掌握了在地图或地球球面上进行空间定位的思维方法,有效地增进了学生在学习过程中应首先对地理事象发生发展的地理位置进行定位的学科意识。第二点是在谷歌地球中选取了极具代表性且信息也十分生动的南美洲与非洲的沿岸渔场作为探究洋流对地理环境影响的虚拟具身场域。通过展示近几十公里海岸连绵不绝、成列排布的渔船,揭示涌升流对沿岸渔场形成、区域第一产业特色发展的影响,充分解释区域空间中多重要素叠加的特征,并灵活运用了软件中图层选择性展示的功能,引导学生对地理空间的不同要素进行选择分析,有效提高了学生的地理空间推理能力,最终成功落实复习洋流相关知识与锻炼学生空间思维的双重目标。

三、营造虚拟具身场域,培育地理空间思维的实施路径

地理学显著的特点之一就是地域性,地理教学强调地理空间思维的养成,注重对学生地理空间思维的培育。但长期以来,中学地理教学对引导学生感知地理空间的挖掘不深,尤其在人文地理教学中,传统教学方法一般以案例展示、原理讲授和社会经济统计图表等方式,表现区域间的差异并解释相关原因。而统计图表大多与空间缺乏直接关联,使区域特征背景的表述过于抽象,学生难以结合当地的地理环境特征分析区位条件、制定相适应的发展措施,不能形成真实具体的人地协调观。

如果能将学习过程置于虚拟具身场域之中,可以有效地促进地理环境、生理与心理过程的耦合循环。信息技术支持下的具身学习行为和结构化反思使得认知主体的经验建构过程变得更加活跃和频繁。从地理教学的意义上来说,虚拟具身环境的搭建能有效地促进学生地理空间感知能力的发展,引导学生进一步带着地理空间信息思考地理现象,培养学生以地理学者的眼光发现并解决问题,自觉养成空间关联意识和空间推理思维,形成更强的地理空间思维能力。

为此,探索运用信息技术搭建虚拟具身场域,尝试通过具身环境的建立促进学生地理空间思维的提升,形成基于信息技术的地理空间教学实施路径,在新课改背景下就显得尤为重要。这直接指向了学生综合思维、人地协调观等核心素养的发展。

（一）基于虚拟具身的教学路径

有关虚拟具身环境搭建与地理空间思维培育的研究在国内外地理教学领域不失为一个热点问题。国际上对运用信息技术创建虚拟具身环境培养学生的地理空间思维研究起步较早，主要着重于利用地理学与信息技术的整合，尝试在地理空间思维能力培养的方式、策略等方面取得突破。国际上最为聚焦的是 GIS 技术在培养地理空间思维方面的实践研究。很多研究认为，GIS 作为新一代地理学语言的特征，是地理学、地图学与信息技术的综合，其强大的空间分析功能在培养学生地理空间思维方面具有无可替代的优势。有研究者调查了大量学生样本，并对他们学习 GIS 辅助地理学习的前后测结果进行比对分析后，认为 GIS 辅助地理学习对学生地理空间思维能力的提升效果明显，确认了 GIS 在培养学生空间思维能力方面的重要作用与优势。

国内近年来也有不少学者、教师主张以 GIS 和谷歌地球等信息技术手段辅助培养学生的地理空间思维，提出了在课堂上行之有效的教学策略并开展了一系列实证研究。袁孝亭、徐志梅等对地理空间思维及教学的研究起步较早，理论成果颇丰。胡文会等将近年高考题中涉及地理空间思维能力的知识点予以整理，并提出运用信息技术帮助学生在巩固知识、解析题目的过程中潜移默化地培养地理空间思维能力。马蓓蓓、唐信其等指出可利用 GIS 强大的地图功能、三维可视化与虚拟现实技术、空间数据分析功能来提高中学生的地理空间能力。姜兵、郑红等尝试将地理学科的教学特点和学生接受知识的方式予以结合，运用 GIS 针对学生空间分析能力的培养设计教学方案，发挥 GIS 在空间位置、空间分布、空间形态、空间距离等方面分析的优势，提升学生的地理空间分析能力。

运用信息技术搭建虚拟具身场域促进地理空间教学的实施路径如图 4-28 所示。根据教学内容所反映的地理空间核心概念，分析学生空间思维运用的重难点，选用恰当的信息技术工具，设计锻炼思维能力、加深对核心概念理解的活动，以促进地理空间思维的运用，实现学生对地理问题和原理的深度探究与理解。

地理空间的核心概念不等同于一节课的重点或难点，而是从地理空间上探讨地理事象在哪里、是什么样子、为什么、什么时候发生、产生了什么影响和作用

图4-28 基于虚拟具身教学的实施路径

及其对人类社会的影响。教学中要从空间视角来看该核心概念的地理位置与分布、地理特征与差异、地理因果关系、地理过程、空间相互作用、人与地理环境的关系等空间知识内核。

分析教学中涉及的地理核心概念,与分析学生空间思维运用的重难点相结合,教师就更容易以整体和富有逻辑的架构设计知识与情境、个体间的联系,建构实现具身认知的基本要素,才能合理地选择恰当的技术工具支持教学。

设计空间思维活动要求教师能够合理分析基于信息技术建构的虚拟具身场域中最具教学价值的核心空间信息。虚拟具身环境是具有复杂性和开放性的,介于真实情境与良好结构情境之间。为确保学生的思维活动能始终围绕教学目标设计展开,就需要进行专门设计,要将隐含在具身情境之中的内在学科逻辑梳理出来,整合必要、相对充分的信息,据此再设计明确的学习任务与活动,以促进学生对地理概念的理解,并在这一过程中不断运用和锻炼地理空间思维,促进核心素养的发展。

（二）虚拟具身教学策略的选择

虚拟具身教学策略的设计实施,前提是具有易操作性且在教学中有其不可替代性。教师要在分析教材与学情的基础上,考虑是否采用虚拟具身教学的策略。

易操作性一方面指教师有搭建或调整虚拟具身工具以便课堂使用的能力,了解如何操作软件程序或技术设备以满足课堂教学的需要;另一方面更重要的是指学生是否具有在虚拟具身场域交互的能力。课堂教学的主要目标不是掌握信息技术而是利用信息技术掌握地理概念与规律,因此操作复杂、流程烦琐或显示效果不直观的信息技术在课堂上就不具备面向学生的可操作性。例如,尽管桌面 GIS 程序有强大的三维建模功能和等高线地图绘制功能,但由于操作复杂,学生要耗费大量精力学习如何制作模型与地图,其应用效果反而不如简易的动画软件。因此,信息技术的选用其第一原则是不能在课堂上喧宾夺主,一定要易于掌握和操作。

在教学中的不可替代性即使用信息技术的必要性,并不是说利用信息技术搭建虚拟具身场域就可以代替传统的实感、实境具身教学。实感、实境具身在实现生生互动和感知觉综合运用中仍具有较大优势,但空间信息技术也有其独特的长处。相较于实地考察、地理学具等具身认知方式,虚拟具身场域可以自由改变尺度、切换视角、调整可视化效果。信息技术在建立空间模型、演示空间关系,以增强学生空间感知、简化空间表征与支撑空间关联推理方面有着突出的优势。换言之,对于要素综合、空间结构较复杂、需要将抽象概念具象化时,采用信息技术是较为合适的,也是必要的。

在空间感知中,信息技术可以助力地理空间定位与空间转换。信息技术搭建了虚拟具身环境,使得地理空间能够在屏幕上或学生眼前呈现三维立体的模式、实现二维和三维转换与视角的转换。例如,运用 AR 技术,许多地理事象的模型就可以出现在真实世界之中,学生通过走动、上下移动摄像头等操作就可以不断地转换观察视角,实现多维度立体观察。此外,结合遥感技术或其他信息技术,就可以快速创造仿真世界,帮助学生突破课堂的空间限制,走向与周围地理环境具有显著差异、难以想象的环境之中。或是在应用程序中,三维建模提供给学生不同于本体作为真实世界观察者的另一种视角,实现空间视角的转换。例如,观察月相的地平视角和从北天极的俯视视角的转换本是地理教学中的一大难点,通过信息技术就可以轻松解决。

空间表征包括空间解构和空间建构。信息技术强大的交互性使得学生可以自主定义屏幕上需要显示的地理空间信息,构建属于学生自己的空间表征结果,形成最为贴合每个学生的个性化显示方案。例如,运用在线制图平台强大的自定义可视化功能,学生可以快速多次制作专题地图并设计不同的可视化配色和分级效果,以突出表现地理事象的空间分布形态特征。

空间推理包括空间叠合、空间关联和空间类比三种不同的思维活动。空间叠合是建立空间关联的基础,地理要素在空间上的关联性往往表现为要素在空间分布、空间过程上的相似性,在空间叠合的过程中多有体现。而空间类比则是将已形成的空间关联迁移运用至不同时空的过程。可见,空间推理中的关键在于空间关联思维能力。信息技术可以轻松实现空间不同要素的调取和叠合。运用在线制图平台的空间叠置功能,学生可以自由选择相关地理要素图层加以显示和叠置,相互比较地理要素空间上的联系,从而建立对空间相关性和因果关系的判断,以完善对地理环境的综合思维水平。运用谷歌地球可以切换显示道路、地形等不同的地理信息;运用 GIS 技术则可以管理不同图层的显示状态,转变上下的叠置关系,减轻学生在分离和叠合不同空间要素时的思维压力,将更多的思维能力聚焦在发掘不同空间要素的关联性上。

更为重要的是,由于信息技术带给了学生具身体验的自主选择权,学生可以结合自身经验和感知到的虚拟具身环境信息自由地建构新知,表现出极大的思维自主性。在虚拟具身环境中的探究过程越深入,学生越活跃,思维的层次也越来越高。

例如,在运用 WebGIS 开展人口迁移教学的过程中,教师给学生提供了第五次、第六次全国人口普查的数据和对应年份国家统计局的分省年度社会经济、福利保障、科教文卫的基本数据,鼓励学生根据自己的经验绘制人口迁移专题地图。在二十多分钟的制图活动后,有学生这样分享他们的制图发现:

"2010 年中国人口仍更多地迁向失业率较高的东南沿海地区,我感觉很奇怪。所以我又叠加了 2000 年的失业率数据,发现 2000 年东南沿海地区的失业率处于比较低的水平。因此,我推测人口的大量迁入导致就业市场的发展速度跟不上人口涌入速度,导致失业率升高,而失业率的变化所造成的人口迁移流向变化有滞后性,人们还会向东南沿海流动……所以我认为未来人口将会更多地迁入杭州、深圳等其他一线城市,因为那里的潜力更大,还有更多的机会。"

"我发现 2000 年的时候存在一支从黑龙江迁往山东的人口迁移流,但是我通过叠加多个图层发现山东和黑龙江无论是经济发展水平,还是水资源、教育投人、科研投入等方面都是差不多的，山东人口还非常稠密，似乎难以用人口迁移推拉理论来解释，所以我在想是不是当时闯关东的人口现在又想迁回山东，返回故土。"

令教师非常惊喜且难以想象的是，学生仅凭数据和自主制图就可以在课堂上调用空间表征思维和空间推理思维，发现如此深入的结论，甚至提出了人口学家也正在研究的问题。显而易见，只要有效地运用信息技术，赋能学生在虚拟具身场域开展探究，就可以构建强大的"知觉场"，以促进学生地理空间思维的发展。

第四节　具身视域下的地图教学

一、具身视域下的地图

（一）传统地图的定义

地图是根据一定的数学法则，使用地图语言，综合表示地面上地理事物的空间分布、联系及时间中的发展变化状态而绘制的图形。广义地图与地理图像、地图资源、地理教材的图像系统等同义，主要有地图、景观图像、地理示意图、地理统计图、实物图和遥感图像等。

（二）具身视域下的地图

地图是空间信息的载体，一幅普通地图能容纳和储存一至几亿个信息单元的信息量。地图空间信息主要由直接信息和间接信息（隐含信息）组成。直接信息是图形符号直接表示的信息，容易获得；间接信息是指要经过分析解译才能获得的信息，往往需要思维活动综合分析才能获得。要看懂地图，必须先明确地图的本质，了解地图绘制的过程。地图制作是将真实世界作为地图资料的来源，将地理信息符号化为编码的过程，符号就是密码，而读者的视觉为接收器，读者的心智活动为译码器，以读者有效阅图为终极目标。制图者—地图信息—读者—具身体验—地图认知的地图信息传播与认知过程，如同无线电信号传递过程中的编码和译码,译码本就是真实的世界(见图 4-29)。因此,科学阅读地图首先需要有对真实世界的具身体验。

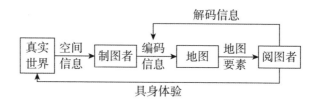

图 4-29 地图信息绘制与解码模式

捷克地图学家柯拉斯尼于 1969 年提出了地图信息传输模型(见图 4-30),以描述地图信息传输的特征。图式阐明了地图制作者与地图使用者之间的联系,揭示了地图信息的产生、含义和使用效果的传输系统。

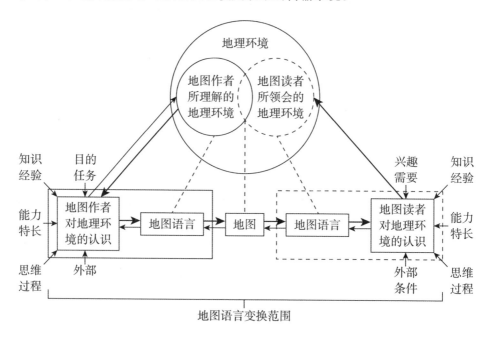

图 4-30 地图信息传输模型

在图 4-30 中,地图信息传输过程是制图者对客观世界进行选择、分类、简化,进行信息加工,利用符号制成地图,通过地图将信息传输给用图者;用图者经过符号识别,对地图进行分析和解译,形成对客观世界的再认识。信息论中认为输出信息量通常等于或小于输入量,在地图信息传输中,某一部分信息可能在阅读地图过程中损失了,但有些用图者所获得的信息可以超过制图人员编制时所利用的信息。这是因为用图者的科学知识宽广,拥有制图者都没有理解的信息。例如,地貌研究人员不仅能从地形图上分析出水系和地形的形态特征与分布规律,还能分析其成因及类型,解译出更深层次的内容。用图者所受的训练、读图经验和知识水平等具身经验,决定着在地图上获得信息的多少。

二、地图中空间信息的基本特征

地图空间分析的主要内容是地理空间事象。地理空间是集空间、时间和属性于一体的多维空间,其信息基本特征包括空间特征、属性特征、时间特征和尺度特征四个方面。

空间特征是地理空间事象最基本的信息特征,表现为地理事象的几何特征和事象间的空间关系特征。其中几何特征也称为空间定位特征或位置特征,包括地理事象的位置、形状、大小及分布特征。空间关系包括地理事象间的因果关系、关联关系、邻接关系、重叠关系和包含关系等。

属性信息特征表现为质量特征和数量特征,包括了地理事象的类别、等级、数量、名称等定性语义和定量统计数据等。

时间特征是指地理事象的状态、存在与发生以及其空间属性特征表现的时间属性,这些会随时间发生变化。时间因素赋予了地理事象时序性和动态性。

尺度可以简单地理解为比例尺或分辨率。地理事象空间信息特征的认知与表达经常会选择不同的尺度进行抽象和概括,同一地理事象基于不同尺度所表现出的空间特征等也会不同。如小尺度是指,以大比例尺近距离观察或较为详细地表现一个城市,城市中的房屋、街道、绿地、广场等呈面状分布;而大尺度则表现为缩小比例尺,扩大观察范围到一定程度,整个城市变为一个点,城市中的房屋、街道等都被忽略了;当尺度进一步扩大,继续缩小比例尺,观察范围到全球时,一些不重要的城市也被忽略了。

三、具身视域下的地图空间分析

地图空间分析是地图教学的基本内容,其本质是剖析地理空间事物的基本特征。地图空间分析应建立在学生具身感知的基础之上,逆向思考制图者是如何感知并概括地理事象的,联想到与之相关的具身情景,学会从认知心理学的角度解码地图,挖掘每一幅地图背后丰富的含义,从而顺利进行地理空间信息的分析。

（一）具身视域下的地图属性

1. 地图内容的离身性

地图是根据地理事物的具体形象经过抽象思维加工而生成的认知模型,使用特殊符号呈现地理信息。地图往往由数字模型、形象符号模型和图形模型组成,是制图者抽象化地表征世界。从心理学层面看,地图呈现的空间信息忽视了读者"身在"的状态,属于"非具身性"和"离身"状态,因此阅读地图是一种离身认知,地图阅读具有一定难度。在地图教学中,如果不能从具身视角出发,尤其在不充裕的时间内,地图中抽象的空间和符号、图形会使阅读难度陡增,学生领悟地图上复杂的空间信息难度更大。

2. 地图阅读的具身性

虽然地图的表现形式是离身的,但地图上的空间信息却是具身化的。地图内容是来自真实世界的具身认知,是由具身经验形成的认知结构,是我们认识世界的方式之一。地图上的空间信息是发生于自然或社会文化环境中的,阅读地图时需要具身体验。教师要引导学生回归特定的情境,实现从离身到具身认知的转换,实现从二维平面空间到三维立体空间的复原,学会从抽象思维还原到形象思维的想象,学会从抽象到具象的加工,实现从抽象空间到现实空间的自如穿梭。

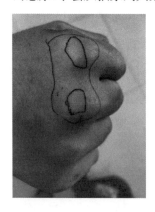

图 4 - 31　手上等高线

地图离身知识的具身化学习,是所有感官和身体活动参与下的心理任务,是一种基于理解的联想式学习。这种联想是基于身体的,联想的基础来自先前的具身体验,联想的环境要依赖教师营造的具身环境,联想的过程需要调动身体的感觉机制。学生在具身场域中进行联想、理解和推理,就会对知识产生真实的触感。例如,等高线地形图的判读,学生利用在手上绘制的等高线(见图 4 - 31),通过展开、收紧手掌,可以直观感受三维地形与二维等高线图相关部位的对应关系,通过具身感受加深对等高线绘制的理解,很好地突破了等高线这一离身难点知识。

（二）具身视域下地图空间分析的思维流程

地图空间分析的思维过程与认知科学、认知心理学理论有密切联系,其思维流程见图4-32所示。通过视觉感知、扫描地图,再通过心理旋转使空间信息结构化、可视化,最后结合认知目标和阅读者的地图经验,建构属于阅读者独有的心象图,从而完成地理空间思维的发展过程。

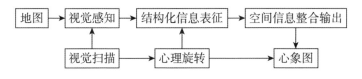

图4-32　地图中地理空间分析的思维流程

四、具身视域下的地图教学策略

基于地图的离身性,地图教学要建立在学生具身感知的基础之上,逆向思考制图者是如何感知并抽象地理事象,联想到与之相关的具身情景,从认知心理学角度解码地图密码。如图4-33所示,地图教学要从地图信息输入、信息输出等角度,以心理学为依据,从空间感知、空间表征、空间推理等方面,完成相关空间的重塑,通过空间思维的培育,顺利完成地理空间信息的分析,最终以不断丰富深入的心象图完成空间认知。

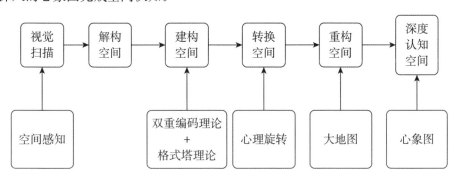

图4-33　具身视域下的地图教学过程

（一）通过视觉扫描，培养空间解构思维

地图认知是由视觉感知到信息传递、重组的心理过程，看图过程的视觉扫描是最直接、下意识的心理反应。地图阅读时依据什么样的心理过程、遵循什么样的原则和顺序读图，先看什么内容、怎么看，都大有讲究。

地理空间视知觉是指视神经系统对地表事物的位置、距离、形状、面积和分布格局等空间信息进行扫描和简单加工的过程。视觉心理扫描要对地理图形中的不同要素按照一定顺序观察并识记，关注点要集中在重要的空间特征上。视觉关注不仅取决于物理刺激的本质，更重要的是要对图像信息进行编码，将其抽象整合为新信息。视觉扫描主要有符号扫描和图形扫描两个方面。

1. 符号视觉扫描

地图符号最基本的功能是承载信息、传输信息，扫描过程首先要明确地图符号的语义，重视地图符号及其相互联系的语法价值，体会各种符号按照某种规律组织起来的有机信息综合体，从而揭示这一深刻表现客观世界的符号形象模型。阅读地图时，需要理解图例的形状与内涵。

2. 图形视觉扫描

地图中不同的视觉图形的内涵主要是空间关系、态势分析、质与量分析等，视觉变量是图形辨别的基础，各种视觉感受会产生不同的图形感受。这就是地图上空间要素的不同特征所产生的知觉差异，也是地图阅读的重点。由于制图过程主要运用视觉选择性思维、视觉注视性思维、视觉结构联想性思维等视觉思维，阅读地图时，要根据这些思维特征，结合地理空间知识内容，进行有针对性的视觉扫描和选择，聚焦到关注目标上，形成视觉关注和视觉兴奋，减少目光搜索时间，完成地图信息的感知。

（1）常规视觉扫描

人们对地图图形的心理感受有很多是共同的，这些规则影响地图的阅读，而遵循这些规则的阅读就是常规扫描过程。地图常规扫描的一般程序是：从左上角进入地图看图名，再到右下角看图例，然后进入视觉中心，观察地图几何中心上方的核心区，并根据视觉重量（颜色深）差异（海拔高度分层设色），依次阅读图上内容。

（2）整体扫描

常规扫描后的地图阅读要服从从"整体"到"局部"的顺序，先总体概括某地理事物的总体空间分布特征，再进一步指出该事物在区域内空间分布的差异。整体扫描是指观察同一要素组成的图形，感受其整体性。这种整体感可以表示一种环境、现象、概念或物体。如图4-34欧盟经济核心区图所示，深色表示特大都市带，浅灰色表示工业地带，虚线区为高技术带，这些都是整体扫描的重点。

与整体感相对的是差异感，整体感好选择性就差。要想突出某要素图形，就要利用差别大的图形变量，如用强烈对比的色彩、亮度和尺寸差别来加强图形的选择性感受。在图4-34中，表示特大都市的地图底图的深浅色是强烈的对比色，以突出两者的差异。

图4-34　欧盟经济核心区[①]

（3）结构扫描

对地图扫描的重点之一就是要能解析并建构地理事物的空间结构，引导学生使用简明的语言、简洁的图示等重构空间结构。例如，手绘地球内部圈层、大气垂直结构、地壳演变、水循环等示意图，利用地形图概括"三山夹两盆"的新疆地形结构（见图4-35）、"山环水绕"的东北地区地形结构等。在地图学习中，教

[①]　图片来源：郭迎霞主编《中学地理复习考试地图册（思维图解版）》，第209页。

师要善于引导学生做空间结构性分析和区划。把地理事象放到空间结构中去分析,有利于学生形成地理空间概念。

新疆"三山夹两盆"

图 4-35　新疆地形结构示意图

结构扫描中还要区分等级结构、数量结构、质量结构、动态感扫描等不同的空间信息特征,形成不同的结构扫描。如等级扫描,由不同等级道路组成的道路网、不同等级的河流、不同等级的居民地等,扫描时要从等级高的对象向低级有序扫描,如从河流干流到支流、从上游到下游,以突出空间事物的重要性。数量感是指对图形数值差异的感受,通常要扫描带有数量意义的图形,如圆形、方形、柱形和三角形等几何图形不同尺寸形成的数量感。如地形图中,用圆形符号大小表示城市级别。地图上不同类别的面状对象,通常用形状并配合色彩来表达其质量差别。如图 4-36,扫描时要根据图形色彩变量觉察出不同的质感,读出其质感上的差异,就可以明确非洲北部土地荒漠化分布的特征及其与周围地区的空间关系。

动态扫描是指视觉变量有规律地排列会产生动态感,使静态的地图动态化。如箭头符号是一种反映动态感的有效的特殊方法,视觉扫描时要关注图形符号在尺寸上有规律的变化与排列、虚实变化或亮度逐渐变化。如图 4-36 所示的信风符号用虚实变化表示风的运动,从而揭示撒哈拉沙漠的形成和分布与信风的关系。

视觉扫描过程是对地理空间解构思维的基本训练,按照地理表象图形要素

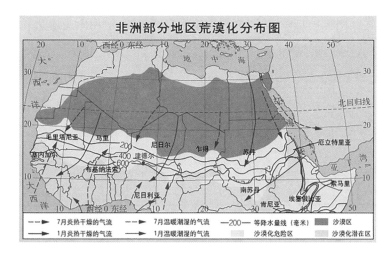

图 4‑36　非洲部分地区荒漠化分布图①

的大小、分布、位置、方向、边界等特定空间特性依次进行扫描，即形成程序化或模式化的注意力，再进一步对地理事象的空间属性进行解析与提炼，即从图到图或文的解构，从而完成对地图中空间信息的初步解读和感知。

（二）利用双重编码理论，培养空间建构思维

"双重编码理论"是加拿大心理学家阿伦·佩维奥于 1969 年提出的。该理论认为大脑中存在两个功能独立却又相互联系的认知系统，用以处理不同的信息：语言和非言语系统。语言系统处理语言信息，被词语激活；非语言系统主要处理图像信息，被物体或物体的视觉形象激活。若同时以视觉和语言形式呈现信息，会在两大系统对应区留下图或文的对照版本，思维能互相被激活并关联工作，增强记忆和识别能力。因此，双重编码理论强调左右大脑的协作处理机制是一种全脑式的、多种思维灵活运用的学习方式，是高效的学习方式。

双重编码理论在地图教学中有广泛的应用。最典型的应用方式是图式教学法，即将地理知识可视化，将知识以图解的方式表示出来。图像信息能给学习者提供一种思考和想象的空间，为基于语言的理解提供很好的辅助和补充，降低语言通道的认知负荷，加速思维的发展。这个思维过程就是地理空间建构思维，即

---

① 图片来源：郭迎霞主编《中学地理复习考试地图册（思维图解版）》，第 204 页。

从文字描述或图像信息中,提取地理事象的空间属性,运用图式建立空间结构或空间模型的过程,即从图文到图的建构过程。例如以下题目:

图4-37a为上海一年中二分二至时太阳周日视运动示意图,图4-37b为南浦大桥悬日景观。假设图示景观拍摄日期为7月20日日落前,同一地点同一角度,一年中还有哪一日可以拍摄到此景观? 说明理由。

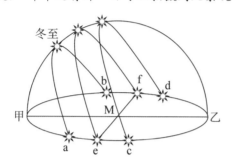 

图4-37a　上海二分二至太阳周日视运动示意图　　**图4-37b　南浦大桥悬日景观**

此题最佳的解法是图图转换,建构该日太阳直射点回归运动的图,即可直接说明此问题。更完美的做法是绘制太阳周日视运动图及平面光线示意图进行对比分析,如图4-38是学生在考试中绘制的图。

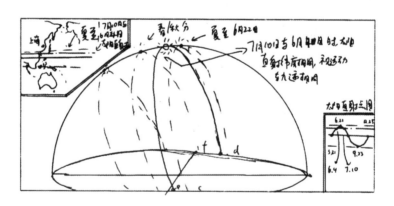

图4-38　某中学生在考试中所绘的太阳周日视运动示意图

(三)利用格式塔理论建构空间

格式塔理论是德国心理学家马克斯·韦特海默于1923年在研究对图形的知觉问题时提出的。格式塔理论的基本观点是:任何"形"都是知觉进行积极组织和构建的结果。格式塔是指物理的、生物的、心理的或象征的结构或形态,其构成因素并不是各组成部分之间的简单相加,而是一种完整的结构或形式。格式塔理论认为,简单、规则对称、连续、相似和接近的图形被视为良好轮廓,良好轮廓可以使图形从背景中突出,从而得以判读。根据格式塔理论,阅读地图时,观察者大脑中会根据以前的经验给这种图形赋予某种地理含义,图形可以通过视觉思维被感知。应用格式塔理论主要有以下四大原则。

1. 相似性原则

在阅读地图时,面积大小、色调、形状、亮度等相似的图形往往被看成一组,成为一个阅读目标或整体,表示类似的地理事象的分布格局或强度等属性。如在观察一幅普通地图中的居民点时,读者经常会将居民点符号相似的聚落归为一类进行视觉扫描和对比。

2. 接近性原则

当视域中一部分图形和其他部分接近时,具有较大的视觉组合倾向,从而也成为一个整体。如记忆与某省地理位置相邻的省比记忆距离较远的省更容易,东三省、环渤海、长三角、珠三角等就容易形成各自紧密相连的记忆集合,其具备了空间相近的条件,又具备了社会、经济意义相关的条件。

3. 闭合性原则

视域中的一部分如构成闭合的形状,则容易被视为整体图形;当面对不完整的物体或图形时,视觉知觉会修补该物体或图形,形成一个合乎逻辑的、有一定意义的、具有整体性结构的心理倾向。如子午圈、纬线、大洲、国家、湖泊、岛屿、自然带等,它们都具有闭合的线或固定边界。地图教学中,教师要引导学生将这些闭合图形储存在记忆中,如果看到不完整的地理图形,就会产生修复的心象。尤其在地理测验评价中,试题中的图像往往是图形不完整的不良结构。例如,利用图 4-39 进行月相判读就是不完整的结构,图中缺乏月球公转轨道以及月面亮面和阴影面,需要学生利用格式塔的闭合规律绘制辅助线——地月运动轨道,以补充图形,形成图 4-40 月相判读解析示意图,从而获得完整的视觉表象。

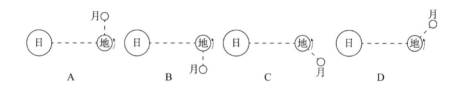

图 4 - 39　月相判断试题

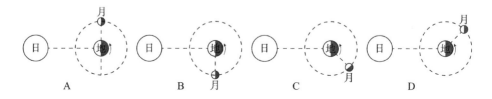

图 4 - 40　月相判读解析示意图(增加月球公转辅助线)

4. 对称性原则

知觉倾向于把物体看成一个中心或轴对称的图形,形成平衡对称的整体。如风带和气压带、南北和东西半球、时区、气旋和反气旋等这些对称关系反映了某种地理事象分布的空间关系,从而可以进一步了解这些要素是如何联系的,识别其中内在的结构,完成空间建构。如对于不完整的日照图,可以根据晨昏线与昼夜半球的对称性原则补齐后再进行判读就会容易得多。

格式塔心理学认为,图形不是孤立要素,而是一个有组织的整体,即完形,学习主要不是加入新痕迹,而是要使一种完形改变成另一种完形,这种改变可以因新的经验而发生,从而形成认知模式,即思维。一个人学到些什么,直接取决于他是如何知觉问题情境的。如果一个人看不出呈现在他面前的问题,看不出各种事物之间的联系,那么他对事物的知觉就还处在无组织的、未分化的状态,因而形不成完整结构,也就无所谓学习了。把格式塔心理学应用到地图教学时,教师要学会引导学生对地理分布形态的"形状"进行识别与归纳。例如,在近地面气压带风带的分布规律的教学中,教师引导学生利用格式塔的对称性原则,通过空间观察辨识"形状",通过空间想象构建"形状",通过空间推理抽象概括"形状",进而把握气压带对称性的空间秩序。而空间的"形状"来自界线的划分,关注界线也是格式塔理论的具体应用。许多地图都有不同的界线,但这些界线在地表上往往是看不到的,它们是抽象想象的结果。这些界线只存在于地图上，如县市乡镇界线、土地利用类型分界线、气候类型分界线、地球公转轨道等。这些实际不存在的界线却有着十分重要的意义，往往可以对地理事象进行结构性的重组，所以教学中教师要有界线意识，要经常提炼描绘，要对重要地理界线有足够的敏感性。

（四）运用心理旋转，培养空间转换能力

在地图空间分析中，心理旋转是一种非常重要的技能。心理旋转应用的是空间转换思维，是一种想象地理空间客体旋转或自我旋转的，进行空间表象表征的心理转换形式。如要找到两点间的最近路径时，人们尝试在心理上将地图做各种"旋转"以比较结果。在地图空间分析过程中要多角度、立体化、全方位解析空间，需要视角转换、维度转换、尺寸转换等心理旋转。

1. 典型视角与视角转换

地理学研究的空间在水平上有东南西北四个基本方向，垂直方向是三维立体的，因此观察某一地理事象的方向可以是正视，即从人直立行走的特性出发的正侧视，这是我们最常见也是最舒服、最能让人理解的观察视角，即典型视角，它也称第一视角，为二维的。但地理事象存在的空间是立体、多维的，每个角度都只是其中的一个侧面，只有全维度观察才能对地理事象有完整、全面的认知。教师在教学中要训练学生学会从俯视、斜侧视、剖面等不同角度观察同一地理事物，克服由于习惯单一视角观察而产生的表象定式，要随视角转换进行空间想象和空间转换，锻炼学生的地理空间转换思维。最经典的案例是日照图，教师要引导学生从正侧视、俯视、斜侧视等多角度观察晨昏线与经纬线的关系，促进学生的空间表象转换，使学生遇到新情景时能产生表象迁移，展开转换思维。指导学生应用正确视角转换的前提，是要明确地理事象的典型视角，即地理事象的典型特征。只有记住关键地理事象的特征和关系，才能在其他视角空间进行合理的想象。

同一地理事象往往具有多种表象，在教学中应该选取其中最为典型、最为简洁、最能表现地理事物的图形——典型视角，即能对物体做出最佳表征的形象和理想的形状，或回忆时最先想起的表象。这种对物体最具代表性的形象是一种永久记忆，是认知原型，学生较易记忆和理解。只有建立了认知原型，以之与其他同类地理事物进行比较，才易建立此类事物抽象的图形概念。以图 4 - 41 日照图为例,正侧视图是典型视角,可以揭示日照图构成的四大要素——点、线、面、角。点即太阳直射点、晨昏线与纬线切点、晨昏线与赤道交点(三"点");线为晨昏线、太阳光线(两"线");面是指夜半球和昼半球(两"面");角是指晨昏圈与地轴夹角、正午太阳高度角 H(两"角")。在日照图的判读中,无论视角如何转换,都要抓住这三"点"、两"线"、两"面"、两"角"的关系,把相关信息转绘到侧视图,就能以典型视角进行分析,揭示出日照图中点、线、面、角间错综复杂的关系。

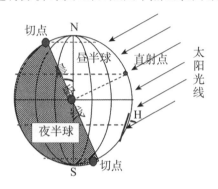

图 4 - 41 日照图典型视角解析图

视角转换训练可以有以下两种方法:一是基于物体的空间转换,也就是说我们头脑中特定物体或位置的旋转;二是以自我为中心视角的转换,就是旋转或转变我们观察的角度。这两种方法都可以实现视角转换,可以根据自己的思维习惯或转换的条件进行选择和训练。

2. 维度转换

真实世界中的地理事象往往是三维全景,而地图是二维平面,是俯瞰与抽象。为了全面把握和理解地理事象的空间特征,需要从不同维度解读,要学会绘制不同视角的剖面、断面图等,以获得制图对象的空间立体特征,进而全面理解地理事物。如地质剖面图可以反映地层在水平维度上的变化,土壤、植被剖面图反映土壤与植被的垂直分布等。事实上,二维和三维图像都是认知地理环境的重要表征方式,它们各具特征。二维信息是通过三维信息加工转换得到的,二维图形可以使问题简洁、重点突出;三维图像是真实世界的客观反映,是我们看到的真正的世界。地图往往是二维的,这跟学生的原有认知会产生一定的冲突,学生会因为缺乏想象和抽象能力,不能迅速理解知识,而导致表征错误。如秘鲁寒流的形成既是水平补偿又有上升补偿,如图 4 - 42 所示。如果在二维平面上讲解,不能表达垂直方向上洋流的运动以及与大洋西侧海水间的循环运动;如果在二维剖面图上讲解,则不能表达风向和表层海水的客观运动方向;只有三维立体图才能完整地表现秘鲁寒流形成的全角度运动路径。所以教学中要先绘制三维立体图,明确秘鲁寒流的真实运动后,再抽象为更简洁明了的二维示意图,这样学生的思维发展就顺理成章了。

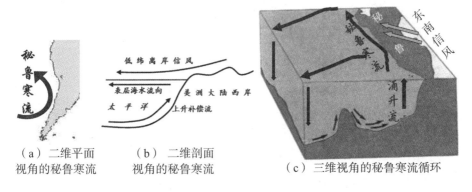

（a）二维平面　　　（b）二维剖面　　　（c）三维视角的秘鲁寒流循环
视角的秘鲁寒流　　　视角的秘鲁寒流

图 4 - 42　秘鲁寒流形成过程

因此,在教学中要同时出示三个不同视角的秘鲁寒流,引导学生在二维与三维之间进行空间想象和维度转换,这样有利于培养学生的空间转换思维,提高学生对知识的理解。

3. 尺度转换

尺度是地理学中的一个重要概念,用来呈现和描述地理现象的层级接近比例尺的效果,当运用尺度的视角观察地理事象时,尺度转换就像放大镜,也像望远镜。

从空间尺度看,用不同尺度描述同一地理事象特征时,会有不同的答案及解释。如同样面积的几幅地图,由于比例尺差异,其实际数据会有较大差异,当利用等值线判断地形坡度、气压梯度大小时,除了看等值线的疏密,还要关注空间尺度(比例尺)的大小。用不同尺度描述一个城市,其空间形态也会有很大的差异,从全球宏观尺度考虑,它往往被视为一个点,若从较小的空间尺度观察,可以看作一个面,表现为不同功能区组成的空间,其内部又有相应的空间结构,如同心圆结构、扇形结构等。

从时间尺度看,如将同一城市不同时期的图放在一起进行分析,可以反映城市化进程和地域空间结构的变化。如图4-43为某城市不同时期的城市规模扩张图,可以在获取城市发展的大量历史和现状信息的基础上,把握城市动态发展规律,并基于这些发展规律做出对城市未来空间发展趋势的预测。

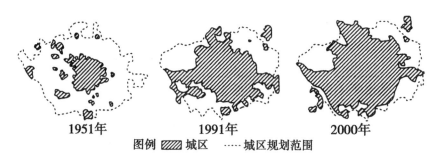

图4-43　某城市空间扩张示意图

（五）应用大地图重构地理空间

地图中表现的地理区域往往是复杂多样的,其分布有些是具有宏大的空间尺度与漫长的时间演变过程,学生大多不能亲眼所见,由此制约了学生的具身想象空间。因此,在教学时要精心选择、组合、创编各类图表,通过具身视角对空间要素进行再造和重构,在抽象与实景之间建立多视角图形,形成不同视角、不同维度和不同认知难度的时空组合图,为学生的空间认知搭建脚手架,帮助学生形成对地理事象的整体化和结构化的思维习惯。这就是能揭示空间联系的组合式大地图。

1. 大地图的主要特点

大地图主要有空间再造、知识整合、时空组合等特点。

（1）空间再造

大地图关注景观本身空间演变的框架与地图的整合,主要通过不同视角的小尺度空间展现嵌套在大尺度空间格局中的方式形成空间联合,使地理知识通过整体的理解和宏观概念去组织,展现给学生一个整体化的视觉表征,揭示地理空间秩序之美,创建基于地理美学的新空间结构模型。

（2）知识整合

大地图通过组图间的关联,揭示出空间知识间的内在联系,注重的是知识的形成过程,以及相应空间思维的发展程序。

（3）时空组合

大地图通过多种形式的时空组合图，如实景图、示意图、原理图、演变图等，突出地理学的学科特征。

2. 大地图的主要设计思路

大地图是针对地理事象的空间信息基本特征进行整体性、结构化设计的视觉组织图。这种设计主要是参照双重编码理论，结合地理学科特点，通过挖掘知识的大概念属性编创地图，完成地理表征图文信息之间的转换，使学生获得解构、建构、类比、叠合等地理空间思维。大地图设计是一种主辅图配合的组团式设计，围绕着核心大概念，通过对地理事象关键信息的多角度、多层面剖析解读，形成结构化的信息库，揭示复杂的空间关系。它是一种依据地理知识内在逻辑的整体性设计。大地图从具身体验出发，以大量实景图和原创的典型视角示意图实现了三维实体空间与二维抽象空间的连接和转化，使学生能更深入地理解地理空间概念，对地理事象形成整体记忆、整体理解、整体思维，利于空间思维的发展。

3. 大地图设计与应用

在中学地理教学中，不论是自然地理还是人文地理抑或是区域地理，大地图都有广泛的应用，下面介绍几类典型大地图的设计与应用。

（1）等高线图

设计时要将抽象平面图与其三维景观地形图对应，在两类图上都标注相应的地貌类型，如图 4 - 44a 和 b 所示，以训练学生的空间想象力和空间转换能力。

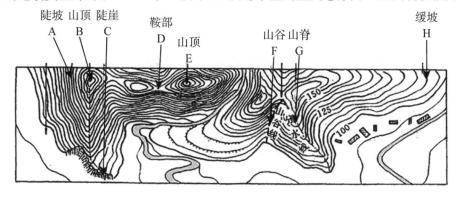

图 4 - 44a　大地图——等高线地形图

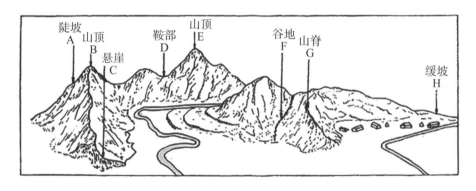

图 4 - 44b 大地图——a 图等高线地形图对应的地形示意图

（2）区域图

区域图要关注同一空间不同要素表达的表象特征，以空间要素叠加的方式综合区域整体特征，助力学生以地理信息系统的方法分析区域特征。

（3）时空演变图

大地图可以强化地理事象的形成和发展，具有时空持续性、系统稳定性等特点。如图 4 - 45 为我国西北荒漠化演变过程，用一组荒漠化连续性发展的示意图，表达在不同时期地表景观持续性的变化，还原荒漠的演化阶段，给学生一个连续性的认知过程。

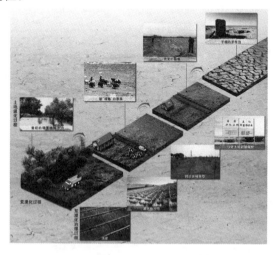

图 4 - 45 我国西北荒漠化演变过程大地图①

---

① 图片来源：郭迎霞主编《中学地理复习考试地图册（思维图解版）》，第 140 - 141 页。

（4）地貌形成图

地貌的形成往往具有很大的时空尺度，成因和类型复杂多样，即使同一类型地貌也有不同的呈现类型。而常见的地貌成因原理图往往较抽象，概括性强，地貌的真实状态和形成过程学生很难想象，设计时需要充分考量实景抽象和现实情境间的联系。如图 4‑46 为风成地貌大地图，通过地理过程总图、实景图、俯视图、侧视图、手绘图、剖面图、示意图、等值线图等多视角和多认知程度的组合图，实现对遥远地方的地貌类型和形成过程的全视角认知。

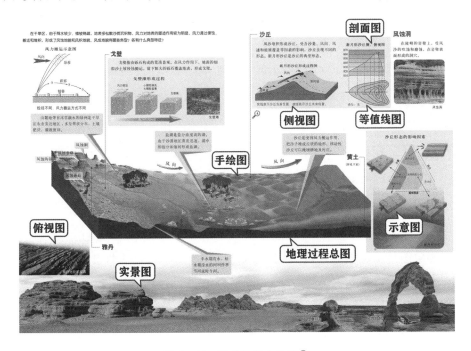

图 4‑46　风成地貌大地图①

（六）创建心象图，深度认知空间

1. 何为心象图

心象图是经过大脑综合处理的空间信息的内部表征形式。地图学习的终极目标是学会使用地图进行空间分析，让"哑图"变为"活图"，使"地图"变成"脑图"，最终在学生头脑中形成完整的地理空间概念，形成脑中的地图——心象图。

① 图片来源：郭迎霞主编《中学地理复习考试地图册（思维图解版）》，第 36‑37 页。

以日常生活的活动路径为例,乘坐公交的路线、购买商品的商家选择、外出就餐的行走等,都是自我探索空间后,在头脑中不自觉地建构的个人行走空间体系。这个空间体系好像一幅图,存在于脑海中,当需要它时,它便跃然而出,协助行动决策,这就是心象图。

2. 心象图的意义

建立心象图能够有效地贮存各种自然和人文地理信息,提高学生的空间认知能力,提高地图教学的效率。心象图的形成具有广泛性,有许多途径,如实地考察、阅读图文信息、收听讲座、看电视等。心象图的应用具有灵活性,心象图生成后,因学习任务不同,学生可以灵活选择不同类型的心象空间图进行综合操作。如学习某地农业生产时,学生就要在头脑中调用当地的地形图、气候图、水文图进行叠合,进一步推理出该地的耕地类型和作物类型及其生产特点等。当考察其他地点时,心象图会接着展现另一块区域的相关系列图形,如此可以一直不断地延展。相比普通地图只能展现特定内容,心象图能随着学习者的经验积累不断更新,逐渐深化,心象图的积淀更加深厚,应用也就更加自如。

心象图作为空间认知的结果,是人对空间感知能力的综合表现,是驻留在记忆中的关于真实世界与空间特征的印象表达,是空间数据的选择、简化和优化过程。心象图是对世界的建构,而非机械复制,是属于自己个性化的对世界的认知。每个人都有独一无二的心象图,图上有不同生活主题,这就是心象图独特的魅力。

3. 培养心象图的主要方法

(1) 基于空间定位形成基本空间视角

心象图形成的基础是空间定位,即要明确地理事象的绝对位置或相对位置。心象图是学生心里想象的地图,表达的主要是相对位置,不需要学生记住准确的经纬度,而是要凭借自己在空间活动中的经验,对事物之间的距离、方向、形状进行识别。心象图中尤其需要关注特定的参照物,明确地理事象与参照物间的关系,进而抽象形成方位关系,建构简洁的图形。地理空间中参照物是非常重要的地理标志,要选择特征突出的地标性地物为参照物,如标志性建筑、著名山脉、河湖、大城市等。例如,长江水系图的识记,就要重点关注两大湖泊——鄱阳湖、洞庭湖,以及武汉、重庆等城市与长江主要支流之间的相对位置关系,学会绘制简图,从而形成长江水系的心象图,如图 4-47 所示。

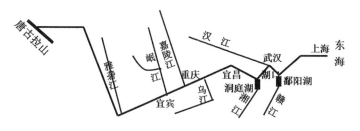

图 4-47　长江水系与主要城市示意图

（2）建构空间关系形成空间秩序

建立心象图的一个重要目标就是建构地理事象的空间关系,利用空间叠合和关联思维,揭示地理事象的空间关联和空间秩序,利用空间推理关注空间效应,实施空间预测,形成对地理事象的综合认知。因此,心象图最常用的思维方法是空间建构和空间关联思维。地理事象的空间关联可分为地理位置关联、交通和通信上的关联等,即通过物质流、能量流、人流、资金流、信息流等实现,这种地理事象的普遍联系是心象图产生的基础。例如,在教学中可将洋流分布图与世界渔场分布图对照进行空间分析,揭示洋流与世界主要渔场之间的关联;将等温线图与地形图对照分析,可以找到地形与气温间的关联等。

（3）立足基础地图和典型视角图反复训练

心象图的形成需要应用地理空间思维对空间属性进行综合分析,主要是在空间感知的基础上进行空间表征。这是地理空间思维综合的过程,是基于经验厚积薄发的过程,是一个基础图像和空间具身体验不断积累的过程。在教学过程中,应该充分利用传统地图,培养学生学会正确使用地图,形成地图意识,进行填图、仿绘地图、改绘地图等地图练习,尤其是进行凭印象手绘地图练习,强化学生的图像感知能力。同时要求学生记忆一些基础地图,如世界、中国及主要国家的地形图、政区图、气候图、水系图、人口城市分布图等。学生将这些基础图进行叠加或拆分、整合后,就可以建构自己的心象图,进行复杂的空间分析,实现"心想图现"。再如,日照图需要学生反复绘制,明确点线面角间的关系,以典型视角图作为心象图的基础,从而完成复杂情境的空间认知。常用的纸质地图是心象图形成的基本空间框架,所表现的空间信息是最丰富的,学会有目的、有层次地阅读地图是构建心象图最有效的手段。

随着生活经验和具身体验的丰富,心象图就会增加相应的细节和信息层次,形成结构性思维体系,完成从简单到复杂、从碎片到完整、从模糊到准确的空间认识,从而更深刻地感受和理解世界。

利用具身理论原理,对地图进行空间信息可视化、具身化分析,可以提高学生对地图的空间分析能力,有助于发展学生的地理空间思维,让他们能在生活、学习中顺利使用地图、阅读地图及绘制地图,据此快速解决生活和学习中面临的各种空间问题,更好地揭示地理事象的时空变化规律,从而培育学生的地图素养。

第五章

中学地理空间思维
培育的教学策略

　　地理空间思维是地理学科帮助学生获得的适应终身发展和社会发展所需的必备品格和关键能力之一。思维具有个性化和复杂性的特点,因此地理空间思维的培育是一项庞大的系统性工程,这给教学方式带来了巨大的挑战。笔者团队借助具身理论,挖掘出具身视域下的地理空间思维培育机制,结合教学实践进行系统深入的研究,提取出空间思维教学模型及系列策略群,不仅为地理课堂教学中教与学的平衡提供了最佳的结合点,而且在一定程度上破解了教学中的"空间与思维的黑箱"状态,助力教师改变传统的教学方式和思维方式,积极构建"以学为中心"的课堂教学。

第一节　地理空间思维培育的机制

一、具身机制

　　地理空间思维的形成来源于学习者的地理空间实践,即学习者与其所置身的地理空间之间的一系列互动。在教学中我们发现,地理空间思维教学的困难主要源于学生感知空间的困难。一方面,地理空间的尺度、形态、情境结构的复杂度等超过了学习者的感官(主要是视觉)的直接认知能力(如洋流、大气环流这样的大空间尺度动态地理现象或如人类可持续发展这样多因素复杂抽象的综合问题);另一方面,受教学环境和手段的限制,地理课堂教学中对三维地理空间的呈现常以二维图像甚至是抽象的文字描述的方式进行,并不符合人类感官在三维认知空间的本能。以上两点,使得学习者难以正确感知和理解学习任务所涉及的空间,进而导致后续空间互动的失败或偏差,最终无法实现教学目标。为了克服上述困难,在具身认知理论的启发下,笔者团队从构建具身场域和具身通道入手,在教学实践中形成并完善了具身视域下地理空间思维的培育机制,如图5-1所示。

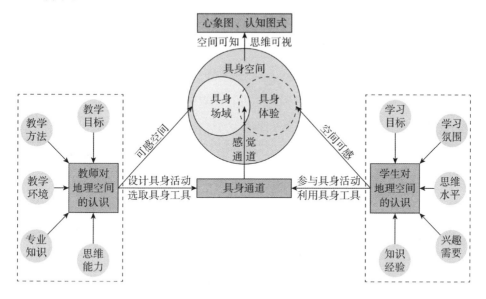

图5-1　具身视域下的地理空间思维培育机制

在具身视域下的地理空间思维教学中,教师首先基于自己的具身经验和对学生既有水平(思维水平、知识经验、兴趣需求等)的了解,对真实地理空间进行一系列的具身化加工,形成便于学生感知的具身场域。具体操作主要包括以下方面。

首先,基于教学目标的要求,对真实地理空间中的相关要素进行选择性呈现和梯度呈现,剔除无关要素,随教学环节递进逐步增加相关要素,提升空间系统的复杂度,构建从结构良好到结构不良的渐变式的具身场域梯度。如在大气环流的教学中,学生在课堂中先后经历了"热力环流理想模型→北半球哈德莱环流模型→北半球三圈环流模型→全球大气环流模型→全球全年动态大气环流模型"。这些具身场域的空间复杂度不断提升,结构良好度不断下降,对空间思维的要求逐级提升。

其次,在教学环境和手段允许的范围内,对地理空间的呈现方式进行具身加强,使其更容易被学习者感知。具体原则有两个:一是通过尺度变换,将学习者难以直接感知的宏大空间微缩,使其便于被感知,如在大气环流一课中所使用的微缩三圈环流教具；二是增加感知通道，在常规视觉通道的基础上增加触觉感知或其他感知的方式，通过多感官体验的加成来降低空间感知的难度，如在大气环流一课中使用塑性箭头教具，允许学生自行弯折，安装箭头来标识环流的方向，呈现大气运动的格局。根据具身理论，相比单纯依靠视觉，触觉的加入能增加提升空间感知的维度，帮助学生更好地感受空间。

最后，基于空间思维生成的渐进性机制和教师自身的专业知识，对教学内容进行解构和重构，建立符合空间认知规律的教学流程。

具身化加工与传统常规教学的情境传射的区别在于，其加工的核心目的是使教学情境更易被学生身体的多种知觉所感知。如在大气环流的教学中，教师将复杂的、宏大的、动态的、可观而不可触的全球尺度的三圈环流空间结构，转换成了简化的、微缩的、可搭建的具身教具，如图5-2所示。

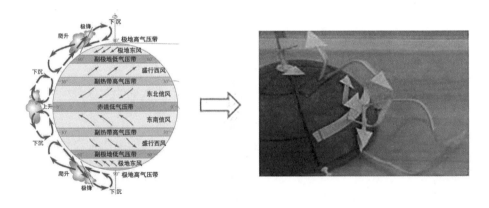

图5-2 "大气环流"的具身场域构建

在构建具身场域的同时，教师还要设计相应的具身教学活动及制作活动所需的具身工具。具身活动和具身工具共同构成了具身通道，是学生与教师创设的具身场域互动的途径。该通道降低了学生感知空间的门槛和难度，使学生更易"进入"教师设计的具身场域并与之互动，在互动中形成自己个性化的具身体验。如在大气环流的教学中，教师设计了塑性箭头标识工具和三圈环流结构搭建的具身活动，通过在具身活动中使用工具，学生可以获得对于三圈环流空间结构的个性化具身体验。正是这种个性化的体验与教师搭建的具身场域相结合，生成了学生的具身空间。

学生在学习活动中形成了内隐的具身空间认知,可通过绘制的认知图式被外显表达出来。教师则可以依据学生绘制的认知图式的结构和形态,对学生的地理空间思维水平进行过程性评价。

具身机制下的学习可以理解为:在投入学习活动时,学习者的身、心、物以及教师的具身场域无分别地、自然而然地融为一体,以致力于该活动的进行。具身既是学习者的身体向周围世界的"外化",也是周围世界向学习者身体的"内化"。具身通道的建设,实现了"从真实的客观空间"到"基于个人的、有序的空间"的心理转换。心象图、认知图式的绘制实现了思维可视化,使学生在生动的、感性的、可理解的具身体验中发展空间思维,从而在具身体验中完成行为逻辑,为空间思维建模提供想象的空间和思考的基础。学生在"身·心·境合一"中达到身心本性和地理空间本体相融合,满足了学生思维的发展性诉求。通过具身教学创新教学组织方式和教学方式,助力课堂教学方式向以学定教、因材施教转型,促进学生行为逻辑和思维逻辑的发展,使体验性、过程性、个性化的学习过程成为学生素养养成的内驱力。

二、渐进性机制

通过参考国内外主流研究成果,以及国内高中地理课程体系、地理课标要求和教学实践,解读中学阶段的主要地理空间知识,归纳出全新意义上的地理空间概念,提炼了地理空间属性,建构了八大地理空间思维,如图5-3所示。

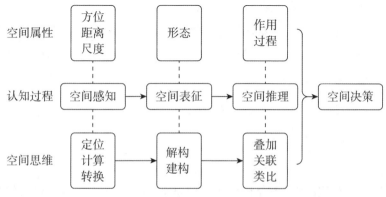

图 5-3 地理空间思维模型的建构

　　借助地理空间思维模型工具,可以在教学实践与研究中解构空间思维,使混杂于其他地理知识中的地理空间知识得以凸显,便于采用相应的教学方法准确地匹配地理空间知识,从而完成地理空间教学设计,提高地理空间思维教学的针对性。

　　在课堂教学实践中发现空间感知、空间表征和空间推理这三种地理空间认知方式不是并列的,而是存在着一定的层级关系,即对某一地理事物的空间认知需要先后经历空间感知、空间表征、空间推理逐渐深化的三阶段。

　　以洋流教学为例,如图 5‑4 所示。遵循渐进性机制,学生在进行洋流相关内容的学习时,逐级运用各层级的地理空间思维,认知地理空间事物,主要经历以下思维流程。

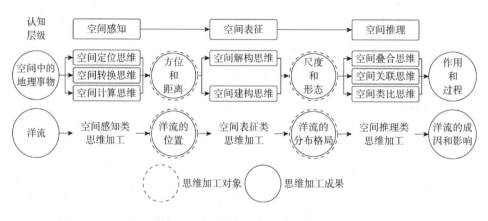

图 5‑4　空间认知层级的渐进性机制

　　1. 空间感知类思维加工

　　利用空间定位思维,观察洋流分布图,寻找合适的参照物,形成某一洋流的位置概念。

　　2. 空间表征类思维加工

　　利用空间建构思维,基于若干洋流的空间位置概念,搭建洋流空间分布的总体结构,形成洋流分布的空间格局概念。

　　3. 空间推理类思维加工

　　利用空间类比、空间叠合和空间建构思维,基于洋流的空间格局概念,分析洋流与其他具有空间分布相似性的地理事物的空间关系,构筑空间因果关系,形成洋流的成因和影响的相关概念。

随着思维过程逐级递进、思维成果逐级复杂,空间关系逐渐清晰化、系统化和结构化。因此,教师在进行教学设计时,对于教学流程的设定应该符合认知规律,遵循空间思维的渐进性原则,这有利于促进学生空间思维的逐步养成。

三、情感转化机制

从空间思维上升到空间情感,一方面是空间与地方在概念与情感上的差异,这一点人文主义大师段义孚在其巨著《空间与地方:经验的视角》中有专门的研究。段义孚以感觉来定义空间与地方,他认为空间与地方本身的定义十分模糊,不存在严格的边界,二者并非不可转化。人们对地方的依恋来自于对地方的归属感和安全感。因此,地方本身应是封闭的——封闭使人感到安全,空间则是开放的、无边界的——空旷使人感觉到忧惧。也正是因为这一点,当人们长期处于一个空间,并对其越来越熟悉之后,空间就会转变为地方。

另一方面,对于空间与地方的思考,是地理教师绕不过去的话题。地图是地理学空间客观存在的基本表达形式;空间选择是地理学中物竞天择的激情和力量;地缘联系是地理学中空间关系的开放与包容;地理事象间的物质与能量转化是地理学空间演化的壮阔抒发;地理空间之美是地理学中空间秩序的平衡和宁静。

通过具身模式下的地理空间知识学习,学生能生成的是个性化的空间认知体验,但地理空间思维模型的提炼又是无差别的共同认知,强调思维的通用性而非差异性。因此,若仅将地理空间思维模型作为教学的唯一目标,引导学生剥离情境,就会忽略学生的个性体验,使学习变得机械和枯燥。深度的学习活动不应该是单纯的理性思维活动,而应是基于感性体验的、情绪和情感紧密交织的心理过程,是积极的空间情感激发下的充满激情的学习。拥有强烈的学习动机,才能提升主动认知空间的意愿,才有利于学习活动的持续性。例如,在大气环流一课的设计中,将人类先贤探索大气运动规律的科学史内容与学生解密的三圈环流的认知活动有机结合,使得学生感动于先人探索自然规律的执着求索,也能感受环流模型成型时一窥天机的欣喜之情。这种思维与情感体验交织的学习过程,可以帮助学生获得更完整的空间认知体验,利于塑造学生正确的空间观。

《地理教育国际宪章(2016)》指出:"受过地理教育的公民能理解人与人的关系,也能够理解个人对自然环境和他人的责任。地理教育能帮助青少年学会如何与所有生物(包括人类自己)和谐相处。"如何体悟空间信息、理解空间概念和表达空间决策,培养学生的地理空间思维,不仅是近年来国际地理学上越来越关注的主题,也是地理教学的基本命题。地理学的研究起点和研究过程都是围绕空间发生的,空间串联起地理学科的四大素养,它们是学科教学的根基。如图 5-5 所示,从空间视角和空间分析等方面培养学生的空间能力,要贯穿于地理教学的始终,建立以空间探索为中心的地理课程、教学、评价等教育教学体系。这是地理教师要思考的重要命题之一。

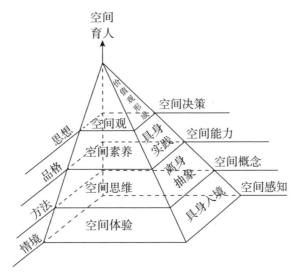

图 5-5 地理空间观的生成

下面展示一首学生在月相观察期间创作的小诗,表明学生具身入境易于生成空间情感。学生结合月相知识,对天体运行以及季节轮回拥有了个性化的认知,读出了属于少年特有的浪漫情怀。王国维曾说"有我之境,以我观物,故物皆著我之色彩",这就是学生在与真实的情境交互过程中,同时生发的空间情感,即触景生情。

星球运行指南

上海市建平中学　高一（1）班　王奕萱

卧在西南的窗户沿上

能看那轮圆盘似的月亮

我一笔一画　一笔一画

描摹着它的轮廓

在月相观察表"天气"一栏下

写上"晴"

想起地理老师说的话

"不要叫它月亮　要叫月球"

她像小兔子一样　眼睛亮亮的

嗨　那好吧

我只是在想月球上的真空世界里

兔子们爱听什么样的音乐

它们会不会踩着星星

在银河系里漫步

月球上传来轻轻的一阵响

似乎是要告诉课题组答案

我把头探出窗户

静静地　静静地听

隔着池塘　对面的大道上

小孩子们还在疯玩

发出咯咯咯的笑声

窗外的石子路上

踩着高跟鞋的女人

走得轻快又自在

只是不知不觉　不知不觉

所有的星球又沿着自己的轨迹

走完一整个季节

在地理空间教学设计中,除了考虑知识习得,教师更要精心引导,使学生获得积极的情感、态度和价值观,学会使用空间知识评价人类对空间环境的干预,学会综合考虑空间决策对区域内生态、社会与经济等方面可持续性的影响。在哲学、心理学和教育学三个维度上进行综合思量,遵循立德树人的教育理念,回归教育的本质,更全面地提升学生的地理空间素养。地理空间思维教学,有利于教师完成学科育人的使命,促进学生积极、朴素的人文主义情怀和科学精神的养成。

地理空间思维教学的最终目的不仅是空间思维的养成,更重要的是形成空间观。所谓空间观,即如何看待空间中的世界,如何用"地理眼"看待世界。培养地理学科的空间观有四大要素。第一要素是要把握地理学本质的"眼睛",即地理学空间思维和综合思维。第二要素是用尺度的视角观察地方和区域的空间形态与形成过程,并基于实践和生活体验将"地理眼"应用到世界。第三和第四要素分别是自然系统和人类系统。由于自然和人类系统的相互作用,我们还要形成正确的人地观,明确资源、环境在社会发展中的核心作用,由此自然而然推演出生态观和人地观。"在哪里发生"是空间的角度,"生命与自然如何互动"是生态的角度。空间观包含了对地球空间格局、过程,以及在人与空间的复杂关系、生物与非生物要素间相互作用的体系的理解。生态观要求学生探究生命形态、生态系统和人类社会之间的联系。我们同时需要从这两个视角来了解地球是人类的家园。地理学正是基于这些内容的研究,引领我们理解人类是如何生活在地球上的。

第二节　具身机制下的空间思维培育教学策略

地理空间的现实性使其复杂多样、动态演化乃至无形无感,学生几乎难以直接感知空间。教学中,教师常把地理空间思维简单地等同于读图技能,且现行中学地理课程和教材中对空间知识无系统表述,空间知识传授与思维培育多呈隐形、渗透状态,多为个性化、散点式的经验之谈,培养学生空间思维缺少着力点、突破口、脚手架和操作台。学生的学习基本上处于"自悟"状态,学生经常是"有感觉、考不出",空间难感、思维不知、水平难测,使得相应教学犹陷"黑箱"。究其根本,是教与学的矛盾在空间知识教学中的激化。其中,教师"看不见"学生的思维发展,学生无法感知空间、无法"看见"自己思维发展的脉络、无法建模思维,是最大的问题。事实证明,空间思维可以通过训练得以培养和提高。笔者团队立足学生地理空间思维的发展,聚焦"如何学"的教学本质,运用具身认知理论,根据中学生的认知规律,结合课堂教学实践,提炼教学策略,提供了地理空间思维培育的教学路径。

一、基于具身机制的空间思维教学模型

(一)地理空间思维教学"四境"模型

通过广泛实践应用,笔者团队摸索出塑境—生境—离境—再入境的"四境"教学模型,如图 5-6 所示。

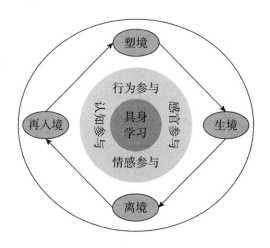

图 5-6 具身视域下的地理空间思维教学模型

1."塑境"阶段

"塑境"是情境学习阶段,为空间知识感知阶段。它是基于真实空间营造具身场域的过程。采用空间再造策略,对地理事象的空间属性进行解构、筛选和逐级呈现,进行空间优化、重构,为思维搭建支架、提供情境支撑和事实性信息,增强空间可感性,产生空间感,使学生以行为参与的方式顺利进入预定学习空间。

2."生境"阶段

"生境"为空间思维生成阶段。它是利用具身教(学)具、具身实验等具身工

具打通感觉通道,营造鲜活、生动、具有互动性的具身场域,在沉浸式教学活动中,引导学生与具身场域进行交互,通过动作图式完成空间信息解码,在身心互动中激发感觉和动觉体验,充分加工和理解输入的空间信息并将其融入心智网络,与客观空间建立起联系,内化为个性化的具身空间,在头脑中生成相应心象图,通过感官参与使空间可知。

3."离境"阶段

"离境"是指思维建模阶段。这一阶段主要采用去情境化策略,将空间知识和思维进行抽象和概括;主要是将存储的具身空间中的信息进行组块和精加工,运用认知图式重新将空间信息进行有序编码和心理表征,将"空间信息的孤岛"组织为"整体的图景",并借助语义化、图像化的表达方式使思维可视化,将空间概念整理成一个有意义、可迁移、紧密相连的思维网络和思维模型,从而使空间认知建立在稳固的根基之上,完成"教是为了不教"的首要学习原理。"离境"的过程展现了思维结构和思维发展路径,增强了情感参与,使思维可见可评,实现空间本质的深度认知。

4."再入境"阶段

"再入境"是实践性检验阶段,为学以致用的环节。学生获得的初步的空间思维能力,要在新的空间情境中进行再实践,提高运用思维模型的熟练度,强化空间思维模型的稳定性,运作思维模型完成思维的应用和检验,同时对空间思维模型进行自我验证和自我完善,使程序性知识向策略性知识转换,以亲身体验和行为的学习回应现实问题。在新情境中,学生的每一个空间探索任务,都可以在思维模型的引导下被准确定义和明确步骤,形成合理的行为逻辑、行为思维和行为链,实现认知参与,为未来空间学习打下基础。

(二)地理空间思维教学流程

"四境"教学模型中最关键的是"生境"环节,需要学生通过具身通道生成具身空间。如图 5-7 所示,在地理空间思维教学流程中,具身通道的建设,尤其是教学中提供给学生参与实践感知活动的具身教具、具身学具和具身实验及各种具身活动,能促进身体多感官的体验、感知、互动与合作,可以增进情感交流,培养形象思维,并为抽象思维的形成奠定基础。具身通道唤醒了学生的身体和已有经验,使学生的感觉系统与真实空间相连接,便于学生理解空间属性;通道也搭建了教师与学生之间互动的桥梁,根据具身认知特征创建的具身场域,使教师观察到学生的思维发展水平。认知图式的应用使学生"看见"了自己的思维,也使教师"看到"了学生思维发展的脉络,为过程性评价提供了切入点。

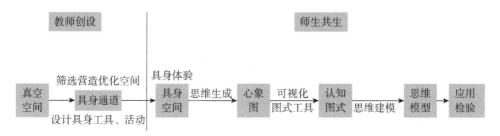

图 5-7　地理空间思维教学流程

应用具身理论实施地理空间思维教学,增加学生对地理空间的具身感知,加强三维空间与二维空间的联系和相互转化,促进空间知识的深度学习,提升空间思维水平,促使学生由空间感知上升为抽象的空间推理思维。例如,"地球运动的地理意义"历来是高中地理教学的难点之一,从空间视角看,主要难点是地球公转运动空间尺度宏大,无法进行直观的观察,空间现象和运动过程很难想象。利用"四境"教学模型,能比较顺利地完成太阳高度角等教学难点,具体教学程序如图 5-8 和图 5-9 所示。

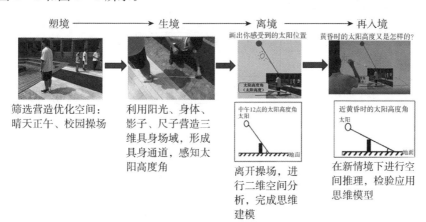

图 5-8　高中地理必修 1"太阳高度角"中的"四境"教学流程

在太阳高度角的学习过程中,真实场景具身通道的创建突破了太阳高度角由三维实景向二维平面转化的难点,学生在实景空间的具身体验和动作图式成为思

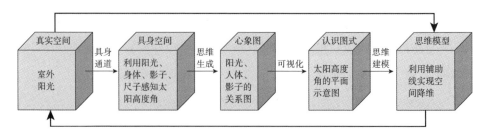

图 5‑9 "太阳高度角"中思维建模过程

维的基点,很容易就理解了太阳高度与人影长短的关系,并且可以进一步推理出早晨、黄昏时的太阳高度与影子的关系,从而形成"具身入'境'—思维养成—应用迁移"的思维发展流程。图5‑10为建构的理想的空间知识的具身教学范式。

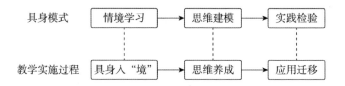

图 5‑10 具身视域下的空间思维教学实施范式

例如,在高中地理"月相"的教学中,组织学生进行一系列基于现实复杂情境的地理空间认知活动,基于具身化机制设计月相观察活动,具体如图5‑11所示,验证了具身模式的有效性。

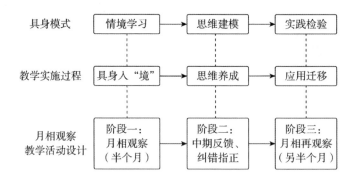

图 5‑11 具身视域下的月相观察教学活动流程

按照具身模式可将整个月相观察活动分为"观察记录—中期反馈、纠错指正—再观察记录"三个阶段。活动的核心内容是完成专用的月相观察量表,用以记录月相形态和月球在地平线上的位置。学生需要综合运用地理空间定位思维

（确定某一时间月球与地平线的相对位置关系）和地理空间表征思维（在观察表上绘出月球的相对位置）。

学生按观察表自行观察月相并记录,待半个月后由教师带领学生进行中期反馈,对已有观察图表进行梳理总结并纠错指正。之后再进行为期半个月的观察记录,整个过程中学生需要先后提交两份月相观察记录表。一些学生的观察成果如图5-12a和图5-12b所示,远远超出了教师的预期。

大胆画一画

请设计一幅图，将近半个月的月球形状和大致方向的变化在这幅图上表现出来。

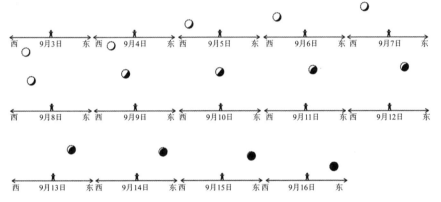

图5-12a 具身体验中生成的月相观察记录表

大胆画一画

请设计一幅图，将近半个月的月球形状和大致方位的变化在这幅图上表现出来。

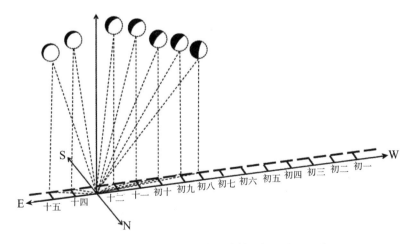

图5-12b 具身在实践中生成的月相观察记录表

图 5 - 12a 和图 5 - 12b 为同一名学生前后绘制的两张月相观察记录表。图
5 - 12a 中所表达出的是具身机制第一阶段里观察记录的月球位置,从图中可以
看出该学生采用了二维平面参照系记录月球的相对位置,并且每天晚上的观察
记录都位于独立的空间坐标系里,互相之间没有进行联系。

在中期反馈阶段,教师通过个别化辅导对学生的记录表进行点评,并对该学
生做了如下的引导:"除了显示月亮高度、方位的变化外,可以如何设计结构感更
好的坐标系来体现月相变化的连续性,以达到更好的呈现效果?"

图 5 - 12b 展示了该学生对于教师引导的一种回应。经过教师中期反馈后,
该学生在自行反思的基础上建立了三维立体的空间坐标系来记录月相的位置,
并且将半个月中每一天的月球位置记录于同一坐标系内,体现了对于月球位置
的时空变化规律的梳理。由绘制图 5 - 12a 到图 5 - 12b 的变化,体现了该学生
空间认知参照系由二维到三维的提升。在图 5 - 12b 中学生将不同日期的月球
位置置于同一坐标系内,体现出该学生梳理建构月球位置时做到了时空的有机
整合,体现了其归纳月球时空分布规律的能力。

通过"月相"教学案例实践,进一步验证了"情境学习—思维建模—应用迁
移"的具身化机制能有效促进学生空间思维的发展和提高。

二、不同类型地理空间思维培育的教学策略

(一) 空间感知类思维培育的教学策略

1. 多感官体验策略

多感官体验策略多应用在比较陌生的地理现象或比较抽象的地理空间知
识的学习中。空间体验和感知的缺乏易造成对地理空间知识的学习困难,采
用多感官体验策略,调动视觉、听觉、味觉、嗅觉、触觉、体感、肢体活动等多种
感觉通道,有利于感知地理空间现象。身体各器官的活动与大脑的思维密切
相关,通过感知可以获得对地理空间关系、空间形态、空间运动等空间属性的
直观认识。

可根据不同的内容选择合理的体验方式、调动不同的感觉通道,实现多感
官体验,正如在前述具身理论中提出具身认知有涉身性、体验性、互动性、情境

性等特征。多感官体验是一种具身性学习。它的主要认知过程包括:第一,设计具身感知空间;第二,在具身活动中体验感知;第三,建构生成空间思维模型;第四,新情境下实践应用。从而实现具体与抽象的灵活沟通,建构地理空间思维能力。

例如,在"太阳高度角"的空间形态教学中,开展室外观测活动,感知身体影子长短与太阳高度的关系,并拍照记录下来。在室内利用照片,再通过语言表达和动手画出示意图把感知内容呈现出来,如通过观测者根据照片中的人影找太阳的位置,画出太阳光线与地平面的夹角,即太阳高度角,从而生成对地理现象和原理的认知。这种多感官体验式策略注重知识的生成与建构。

再如,"热力环流"的学习以走马灯为具身体验工具,如图5-13所示。首先是多感官体验过程:学生动手点燃走马灯下面的蜡烛时,眼睛很快就看到走马灯转动起来,根据教师的要求,将手放在走马灯上方体验温度变化;然后通过口头表达说出走马灯转动的原因,动手画出气体的空间运动形态,从而理解走马灯转动起来的原因是蜡烛使空气受热膨胀上升,而周围的冷空气不断下沉补充进来,形成热力环流。通过感知体验、建构生成、新情境应用等过程理解热力环流的原理。

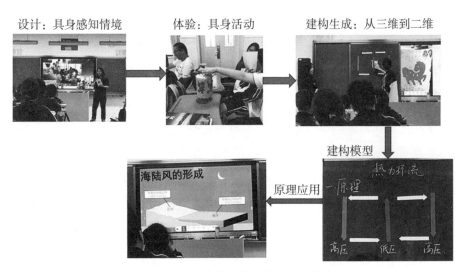

图5-13 多感官体验学习"热力环流"过程

2. 心理转换策略

心理转换策略包括从俯视到侧视或从侧视到俯视的观察视角转换,也包括从二维到三维或从三维到二维的维度转换。当涉及的教学内容中相应的地理事物空间表现形式复杂而宏大时,需要通过心理转换帮助感知,从而进入更深层次的思维阶段。

由于心理转换在思维过程中完成,具有抽象性,对空间想象能力要求较高,因此需要在教学过程中通过一定方法降低心理转换的难度。通过绘制不同观察视角下的图示或借助实景模拟图互动式软件帮助空间场景化等都可以有利于完成心理转换。

例如,在学习"鞍部"这一地形部位的特点时,绘制俯视图、侧视图和左视图等不同视角的图示时,会发现"横看成岭侧成峰"的现象,在绘制图示的过程中有利于较为全面地认识"鞍部"的形态。在学习"等高线地形图"时,需要进行二维空间和三维空间的相互转换,借助等高线地形图实景模拟图互动式软件帮助空间场景转化,将山地地形进行微缩,营造虚拟具身空间,把等高线地形图的形成过程具象化,为学生的心理转换和空间想象搭建平台,引导学生在自主操作软件的互动过程中,理解等高线地形图及山地不同部位的基本特征,归纳山地重要地形部位等高线的数值变化特征与线线间的关系。值得注意的是,由于二维空间和三维空间的相互转化难度较大,在教学过程中除营造合适的具身空间之外,还需要教师有意识地设计梯级任务,从感知最为直接的三维空间开始,逐步过渡到符号化、抽象化的二维空间。

心理转换需要在教学过程中有意识地引导学生通过绘制图示或借助实景模拟图等方式完成抽象的转换过程,化无形为有形。

3. 空间参照系锚定策略

准确的区域定位是区域认知和空间感知的基础。空间参照系锚定策略,借鉴了地图制图中使用的地理网格。地理网格是一种统一、简单的地理空间划分和定位参照系统,包括格元、格边和格点。格元代表了区域面状特征,格点确定了格元的基本位置和点状特征,格边度量了格元间的关系。借助地理网格方式,锚定网格中的参照物,在脑海中形成与格点之间的空间方位关系,知觉某一格元内的小尺度空间(地理事物、现象),分析确定格元间的大尺度空间等。根据参照物不同,可分为自我中心参照系和环境中心参照系。

自我中心参照系,是基于自身与周围物体的相对位置关系来确定物体的空间方位。如在进行实际月相判断时,对中国的观察者来说总是面向南方的天空,那么以"我"作为中心,类似位于网格的某一格点上,以面向的格边方向作为南方的参照,就成了"面南背北,左东右西"的空间方位判定,由此根据月亮的亮面朝向和月亮形状等信息判断该日的月相。

环境中心参照系,是基于地理网格中的信息来确定物体的空间方位。利用格点和格线进行定位,如经纬网定位、以主要经纬线及附近的地理事物作为中心进行定位是地理制图中地理网格最早的来源。使用某一格元内的小尺度空间(地理事物、现象)进行定位,锚定海陆分布、区域形态、特色景观或同类地理事物等,以某一地理事物为参照物,熟悉它与周围地理事物的方位和距离,对同类地理事物在大小、长度、形状上进行比较等。

地理空间定位思维就是对地理事物和现象进行空间位置判定的心理过程。例如,具体到辨识洋流的思维教学过程中,即标定方位、确立纬度,将海陆分布作为参照系辅助定位。在教学流程上可进行如下设计:①尝试在方位坐标倒转(上南下北)、无经纬网和海陆轮廓的电子地图(图 5 - 14c)中辨识洋流;②尝试在方位坐标正常(上北下南)、无经纬度和海陆轮廓的电子地图(图 5 - 14b)中辨识洋流;③尝试在方位坐标正常(上北下南)、有经纬网和海陆轮廓的电子地图(图 5 - 14a)中辨识洋流。

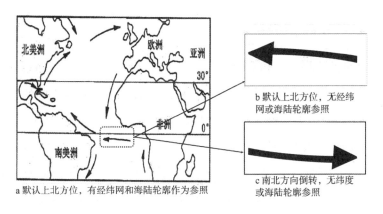

图 5 - 14　辨识洋流过程中的空间参照系锚定

通过先倒转方位坐标,剥离参照系,再逐步恢复的方式,使学生在实践中理解空间方位坐标和参照系对于空间定位活动不可替代的重要作用,掌握空间定位的方法,强化进行空间定位的意识,帮助学生建立地理空间定位思维的简易模型。

(二)空间表征类思维培育的教学策略

1. 格式塔区块化空间解构策略

区块化策略是面对一个比较复杂的空间时采用的地理学中重要的思想方法:区划,即"将地球表面复杂的现实情况分成可以处理的各个部分"。解构空间就是将比较复杂的空间"分成可以处理的各个部分"的一种方式,依据空间主题,按照一定视觉扫描程序,关注特定空间的属性特征。

格式塔理论不仅对地图教学有着深入而广泛的影响,对空间思维培育也有重要的意义。当空间区块划分的依据是空间形态时,可以利用格式塔理论的相似性、接近性、闭合性、对称性四大原则,将空间结构解析为一种结构或形式,使简单、规则对称、连续、相似和接近的图形的良好轮廓从背景中突出,得以区分和判读,并根据以前的经验给这种图形赋予某种地理含义,形成不同的区划,各个击破,从而完成对空间的整体解读。

相似性原则是指面积大小、色调、形状、亮度等相似的空间信息,往往被看成一组,成为一个整体。如新疆分层设色地形图上海拔超过 3000 米的地区为深黄色,对这些区域进行整体阅读,就能形成三条东西走向的山脉轮廓,形成新疆"三山夹两盆"的地形格局,然后依次比较南疆和北疆的地形特征,从而能顺利地完成对新疆地形的区块划分和空间形态识别。同时,新疆的地形格局划分源自"界线"的划分,即以山脊为区划的界线。事实上,关注界线是解构空间的重要方法。城乡界线、土地利用类型界线、气候自然带界线、中国人口密度界线、八大行星公转轨道等实际不存在的"界线",人们无法直接看到,但却有着十分重要的意义。这些界线往往对地理空间进行结构性的区分与解构,是空间抽象想象的结果。所以,教师在教学中要有"界线"意识,引导学生注意观察地理空间的"形态",通过略图提炼描绘对重要地理界线保持足够的敏感性,以更好地识别地理空间特征。

2. 利用整体性原理建构空间形态与结构的策略

在地理教学中经常会遇到对空间形态与结构的表征,如气候与自然带的分布、人口分布、城市空间结构、产业区位等,其背后反映的是如何认知地理事象空间排列方式的思维能力。这一类空间表征思维需要具备对地理事象的空间位置关系与组合方式的观察、识别和联系能力,才能实现对形态与结构的概括和提炼。

正如地理事象的空间形态在不同尺度下往往会出现点、线、面的变化一样,对空间形态与结构的认知难点在于不同空间范围下的表征特点或侧重点不同。这提示,在教学中,要理解空间表征需要从整体上入手,运用从整体到局部、从个体到多体乃至全体的整体性原理来进行建构。这种整体性的原理体现在需要认知空间形态与结构的整体规律和局部分异。在教学中需要实现以下三个环节:一是将需研究的地理事象区分为不同等级、不同规模的单元,聚焦等级较低、规模较小的地理事象的空间特征;二是将需研究的地理事象作为一个整体,从宏观层面理解地理事象的排列状态;三是建立低等级单元和高等级整体间的联系,特别是小的单元如何组成大的整体结构,明确其所占位置关系、范围比例和形态变化,打通多个尺度,以形成对地理空间结构的规律性认识。

利用整体性原理建构空间形态与结构策略的三个环节,在教学中实施的先后和侧重点则应根据教学内容进行灵活处理。例如,在商业区位的中心地理论教学中,如图 5-15 所示,教师先从一个商业中心的服务范围出发,讨论服务范围所涵盖的成本条件,形成服务圈的概念。接下来,教师引导学生思考,如果两个商业中心的服务圈相重叠,服务圈形态会如何变化。学生通过成本比较,认识到重叠部分的服务圈会因为成本而切割变形,从重叠变为紧密并列排布。最后,学生通过绘图推理发现服务圈将变为六边形的空间形态,并形成中心地结构。教师通过强调小单元向大结构转变过程中服务圈空间形态的变化和排列方式,为学生搭建认知支架,使学生可以顺利实现对中心地理论这一空间结构的建构。又如,在阅读"年太阳辐射总量分布图"的教学中,则应更强调总体分布和小区域的空间差异,以体现宏观的纬度因素和较中观的地形、海拔、气候等因素对地表接受的太阳辐射总量的影响,进而形成对空间形态与结构的完整认识,更好地把握空间规律。

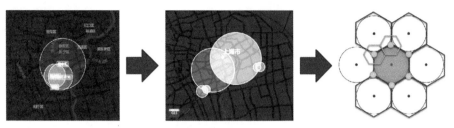

| 单一商业中心服务圈形态 | 多商业中心服务圈叠合 | 推理多中心地空间排列结构 |

图 5 - 15　商业区位的中心地理论空间表征教学步骤

（三）空间推理类思维培育的教学策略

1. 空间匹配策略

两个地理事象在某些空间特性方面具有相同或相似性,往往意味着它们在其他空间特征方面也具有相似性。同类空间知识具有共同要素,空间类比有利于实现知识的迁移和拓展,有利于学生学习深度和广度的延伸。地理空间类比思维是比较同类地理事象在不同时空下的异同现象的思维过程。一些具有时空动态性的地理事象都需要通过地理空间类比思维来进行认识和学习,如太阳直射点的周年运动、气压带风带的季节性移动等。

空间匹配策略通过空间尺度匹配一致来为不同时空下的同类地理事象建立一致的空间参照系,使得两个类比对象之间的时间或空间尺度一致,从而减少干扰,使得地理事象的空间差异得以凸显,类比活动得以有效进行。

例如,在"气压带风带的季节性移动"的教学中,如图 5 - 16 所示,选取相同

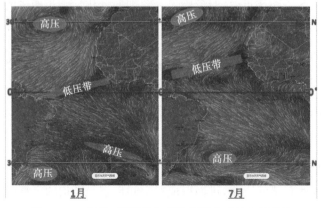

图 5 - 16　空间匹配辅助气压带风带移动的空间类比

图幅范围和比例尺的 1 月和 7 月的气压带风带位置示意图做并列呈现。在空间匹配一致的前提下,以相同的纬度和地形轮廓作为参照系,学生可以快速直观地辨识出副热带高气压带、赤道低气压带的纬度位置差异。

2. 因果逻辑策略

因果逻辑策略主要应用在地理空间关联思维的培养中,是在感知区域中各类地理事象空间分布的基础上,对邻近区域的地理事象的空间关系进行辨识的一种方式,是对地理事物、现象的空间存在进行因果分析或相关分析的过程。两种分析将空间存在与相关因素建立联系,从而实现地理学科对于地理事物发生、发展过程的解释。

因果逻辑策略包含两个思维过程,如图 5-17 所示,一是成因思维,二是结果(影响)思维。如图 5-18 所示,在大洋环流的知识体系中有若干组因果关系,包括行星风系的分布与风海流分布格局形成的关系、寒暖流与沿岸气候之间的关系等。相关分析的两方之间并没有因果关系,而往往共同关联着一个相同的影响因子,如涌升流渔场沿岸往往气候干旱,以荒漠为主。

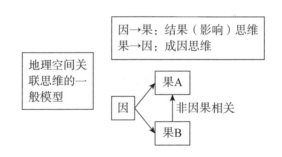

图 5-17 地理空间关联思维的一般因果逻辑模型

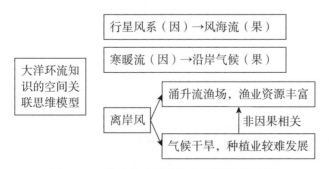

图 5-18 洋流的成因及影响的因果逻辑模型

3. 空间叠合思维

空间叠合思维在地理教学中的运用范围非常广泛,既可以是图形上的叠合,如线状水系与点状居民聚居点的集合;还可以是要素上的叠合,如地形与水系的叠合、气候类型与植被带的叠合、人口分布与水资源和耕地资源的叠合等。空间形态和数值高低的关联性、一致性或差异性背后均反映着地理规律。

教学中,教师需要注意对学生进行图层选取和叠置阅读技巧的指导。图层不宜过多,单一图层上的信息也不宜过密,要尽量选择关联性强、逻辑结构直接的空间信息建立图层,以便于叠置的实现以及因果、差异关系的建立。叠置阅读需要建立对应的空间映射关系,利用传统地图进行教学时应特别注意参照物的选择,图幅和比例尺应当尽可能一致,如有必要还应选取部分特征点或区域开展指导阅读,引导学生对此进行着重观察、比较,体会叠置的方法。当前,教师在教学中多利用亚克力半透明地图色片或地理信息系统,可以大大简化图层叠置的难度,筛选合理、必要的信息加以突出表达,大大降低了空间叠合思维的难度。

一图胜千言,在地理教学中灵活运用图层叠置的方法启发培育学生的空间叠合思维,将极大地帮助学生认知空间表征,理解地理规律。例如,在流域综合整治的教学中,如图 5 - 19 所示,教师利用地理信息系统建立多个要素图层,如长江水系图层、水利枢纽点位图层,以及水利枢纽上下游河道截面在水利枢纽建

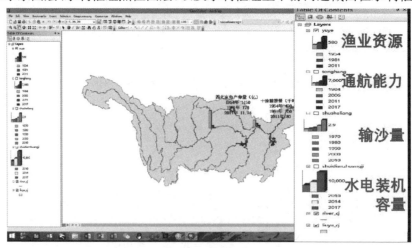

图 5 - 19   流域综合整治要素图层化教学示意图

成前后的水流量、输沙量、鱼类洄游量、通航船舶吨位数等图层。学生通过操作地理信息系统中图层的显示、隐藏,观察在建坝前后河流径流量、泥沙量、生物量和船舶运输量等地理要素的变化,直观认识建坝的利与弊,并加以综合理解,形成对流域整治因地制宜、综合施策的思维认知。

三、地理空间思维可视化策略

心理学的研究表明,思维过程是隐性的,看不见摸不着,有经验的教师一般可以通过学生外显的语言表述或作业表达间接地窥知学生的思维水平。地理空间思维隐性地依附在地理学科知识当中,学习者往往都是在深入学习地理学科知识并理解的过程中才有可能接触到,个别优秀的学习者可以通过所谓"悟"的方式感受并理解地理空间思维的存在。因此,在尝试培养学生地理空间思维的过程中,一方面要将地理空间思维与地理学科知识剥离开来,另一方面要让隐性的思维过程以一种可视化的方式呈现出来。经过大量实践,笔者团队最终使用认知地图这种思维与概念可视化的工具,将"不可见"的地理空间思维从地理知识中抽离出来,使其显性化,并将思维过程和思维方法清晰、明确地呈现出来,以便教师和学生能更好地辨析、理解、记忆和运用。

(一)教师认知图式设计使用策略

在地理空间教学准备阶段,创设空间知识认知图式、教学设计认知图式和教学实施认知图式三种可视化工具,依次进行空间知识属性甄别、空间知识解析、教学设计和教学实施,从而形成一套比较完善的思维和教学过程可视化系统,如图 5 - 20 所示。

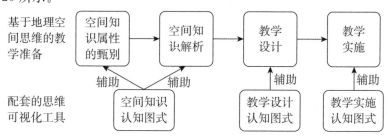

图 5 - 20　基于认知图式的教学准备流程

1. 空间知识认知图式

空间知识认知图式的认知对象是某一具体的地理空间事象,如地球运动、洋流、大气环流等。通过解析空间知识从而绘制出知识图式,可以帮助教师认知地理空间思维与地理学科知识之间的关系,成为匹配空间知识与空间思维的主要工具。

以高中地理"洋流"的空间知识内容为例,如图 5-21 所示,说明空间知识认知图式的主要内容要素、结构和制图的流程,主要内容包括地理知识(核心知识、前置知识、知识流、新知边界)和地理空间思维(思维节点、思维流)两大类共六个要素。

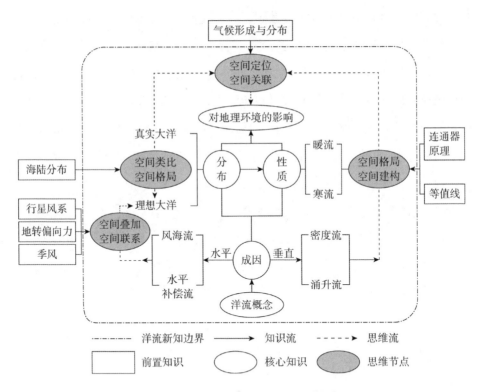

图 5-21 "洋流"的空间知识认知图式

空间知识认知图式的总体架构体现了由外及内的认知圈层结构。最外圈是前置知识,代表着学习和理解核心知识所需要具备的知识储备;中间层表示地理空间思维;最中间是核心知识。这种圈层结构表达了如下认知逻辑:前置知识经过学习者的思维加工,联结新的内容形成新的核心知识。

空间知识认知图式以知识的层级为逻辑顺序,思维依附其上,是一个知识由老到新的递进圈层结构,可以帮助教师解构知识与思维。知识认知图式一旦生成,其结构和内容基本稳定,功能类似于参考书和字典,可供教师在备课时查阅,为下一步的教学设计认知图式提供素材和设计依据。

空间知识认知图式的绘制过程是基于"知识解构—思维匹配—认知成序"的认知程序,如图5-22所示。教学实践中,知识解构过程主要依托教师的经验,遵循"陈述性知识—程序性知识—结构性知识"的知识等级有序递进的原则逐级解构,并与相应的地理空间思维模型相匹配,再依托思维流与知识流的方向箭头形成有序的结构,形成知识、思维的可视化有序表达。

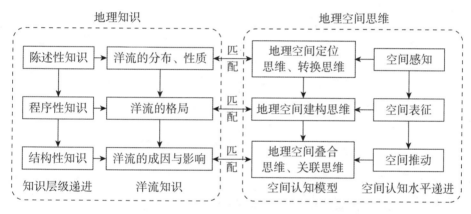

图 5-22　"洋流"空间知识认知图式的绘制过程示意图

借助空间知识认知图式,教师可以清晰地梳理地理知识与地理空间思维之间的关系,为地理空间思维培养的教学设计奠定基础。因此,地理空间知识的梳理是进行地理空间教学的前提。

2.教学设计认知图式

教学设计认知图式的认知对象是一节课的教学内容,其任务是帮助教师落实地理知识与地理空间思维的教学目标,是对于课堂教学流程与内容的设计范式,是知识、思维和教学情境的结合。

以高中地理"大气环流"一课为例,说明教学设计认知图式的主要内容要素、图式结构和制图流程,如图5-23所示。教学设计认知图式的架构为三个层级。第一层为外显知识,从左到右的知识流代表知识体系的建构。第二层为地理空间思维,从左到右的思维流代表思维加工的递进过程,向上与顶层连接的箭头代表着知识与思维的匹配关系。第三层是前置知识,是指教师为该课设计的教学素材和情境。三层结构自下而上代表着"情境体验—思维加工—知识生成"的认知过程,从左到右代表着课堂教学环节的时序,可视化地体现了知识、思维和情境的统一。

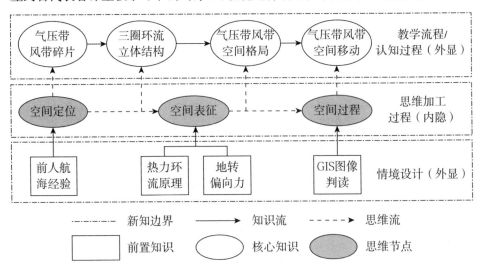

图 5-23 "大气环流"的教学设计认知图式

3. 教学实施认知图式

教学实施认知图式的认知对象是一节课中的具体教学活动,其任务是解构各环节教学活动,将地理知识类的教学目标和地理空间思维类的教学目标进行分离,并将其与相应的教学情境匹配起来,建构清晰的符合教学过程时序的情境流、空间思维流和知识目标流三条流场。

以高中地理"大气环流"一课为例,说明教学实施认知图示的主要结构特点和功能,如图 5-24 所示。教学实施认知图式的主体是由教学情境流、空间思维流和知识目标流构成的三条纵向结构,从上至下按照教学环节时序排列。其中,纵向结构能清楚地勾勒出教学实施过程的时序,帮助教师将基于地理空间思维复杂的教学过程条理化、有序化。横向结构是以中部的地理空间思维流作为主线,每个横向教学环节中,地理空间思维指向教学情境的箭头,代表学生在教师的引导下具身浸入该环节的教学,用相应的空间思维解构情境;而地理空间思维指向知识目标的箭头,代表学生将通过解构情境习得的地理空间知识。

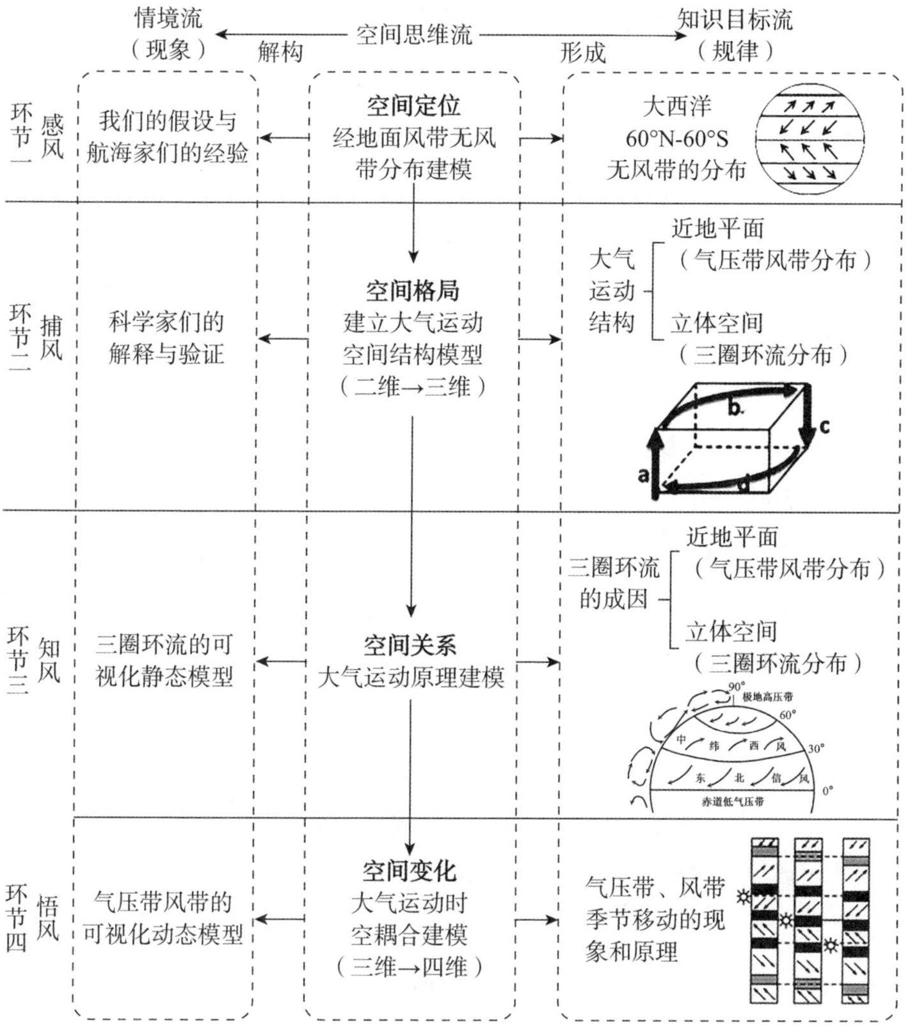

图 5‑24　"大气环流"的教学实施认知图式

教学实施认知图示纵向时序排列式设计,使教学知识目标和思维目标呈现由浅入深、由基础到高阶的有序性;在横向上分离了教学活动中原本纠缠不清的情境、思维和知识,使情境体验、思维培养和知识习得的脉络得以厘清,增强了教学组织和实施过程中的条理性,降低了实施多条线目标教学的难度。

（二）学生认知图式设计使用策略

人类的思维过程是一个黑箱,即使是当今世界顶尖的脑科学家和心理学家也无法准确揭示地理空间思维的运作机制。但是,思维模式可以借由外显的实践操作进行训练和强化,同时思维能力水平也可以借由外显的行为来进行评价。实践研究发现,最具操作性的训练地理空间思维的方法就是让学生自行绘制认知地图。

从概念上定义学生的认知地图很难,不过可以这样描述理想的学生绘制认知地图的行为:学生将地理要素及其属性叠合到合适的空间位置上,形成彰显其空间格局、揭示其空间关系的图示。这种图示是学生地理知识水平与地理空间思维水平的综合可视化表达,可以从中一窥学生的思维痕迹。

通过总结实践经验,可以将学生绘制的认知地图行为分为三类,即课堂笔记、知识整理和主题表达。这三类认知地图的绘制行为所要求的认知水平和思维能力是逐级提高的。

1. 课堂笔记类认知地图

对比图 5-25 和图 5-26 所示的两名学生的笔记,说明非认知地图课堂笔记与认知地图课堂笔记的区别。

这两份笔记都是关于高中地理月相知识内容的课堂笔记。月相知识的核心内容是月相的形态变化与日地月三者相对位置变化的联动关系。可以一目了然地看出,图 5-25 的笔记是纯文字的、条目式的,是按照文字逻辑对知识的再组织。而图 5-26 的笔记是空间位置示意图式叠合文字式的,学生将不同月相的具体形态放置在了不同的合适位置上,并添加了少许文字标注,体现出了月相与相对位置的联系,展现出了月相变化与日地月三者相对位置变化的关联。

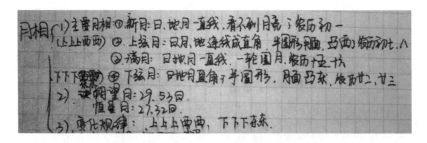

图 5-25 "月相"知识的非认知地图式笔记

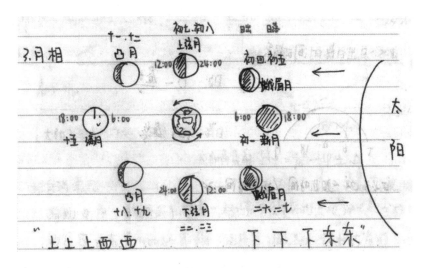

图 5 - 26　"月相"知识的认知地图式笔记

　　笔记是学生进行复习常用的辅助和工具,可以试想这样的场景:一段时间后学生依托笔记开始复习,使用图 5 - 25 笔记的 A 学生的复习行为很容易就成了进行纯文字记忆的背诵复习,如果复习时没有结合书本图表,那么学生很可能只是机械记忆了知识内容,而没有真正理解该知识表象下的空间逻辑,其结果是认知水平将停留在识记和浅层理解层面;而使用图 5 - 26 笔记的 B 学生所进行的复习活动则是对月相示意图进行空间认知,并尝试组织语言对认知结果进行描述和表征。巧合的是,B 学生描述和表征生成的内容恰恰是 A 学生记忆的文字内容。两者看似殊途同归,其实有着云泥之别。A 学生的学习过程是"文字记忆—遗忘—文字记忆强化",而 B 学生的学习过程是"文字＋图形记忆—遗忘—图形认知—空间思维加工—文字输出"。虽然最终的输出结果都是文字,但是 A 是记忆文字,B 是生成文字。B 在生成文字的过程中经过了思维加工,锻炼了思维能力。遗憾的是 A 并没有体验这一过程。当然,学生的个体差异是客观存在的,一些元认知能力(主要指俗称的空间想象能力)很强的学生仍然可以借助纯文字笔记甚至不记笔记迅速完成空间图示在大脑中的建构,但这靠的是学生的个别天赋。对于大部分学生来说,一方面,认知地图式的地理课堂笔记有利于学生主动开展空间思维活动,更好地习得以空间属性作为显著特征的地理知识;另一方面,地理要素的空间方位、空间距离、空间尺度、空间形态、空间作用、空间过程这些重要的空间知识本身就必须借助图示被表达和理解。因此,指导学生将空间属性较强的知识内容形成认知地图式笔记,是培养学生地理空间思维最基础的抓手。

2. 知识整理类认知地图

相比课堂笔记类认知地图,知识整理类认知地图的知识容量更大,逻辑结构复杂,同时要求学生具有把握空间尺度变化的能力,这对学生的知识、能力和思维都提出了更高的要求。一般可以在学期结束或是高中地理合格考及等级考复习阶段,要求学生绘制知识整理类认知地图,将其作为知识梳理的一种方式。

如图 5 - 27 所示,以学生绘制的宇宙相关知识整理类认知地图为例,说明该认知地图的特点及其展现出的学生更高水平的空间认知能力。

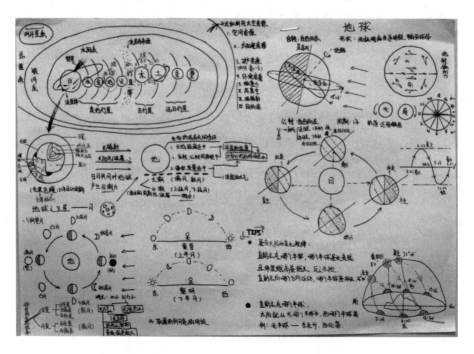

图 5 - 27　宇宙相关知识整理类认知地图(高一学生绘)

学生将高中地理四个专题的知识内容按照自己的理解统合在了一张图里,从该图的顶部开始,循着表示逻辑的线条,每一项知识内容都被标定了其在宇宙空间中的位置,给人一种强烈的空间秩序感。从这张图中可以看出,该学生不但掌握了各项知识内容及其分支,而且还按照一定的空间逻辑将它们组织了起来,形成了一种便于自己理解的可视化结构。在绘制整理类认知地图时,学生必须从总体到细节全面把握相关知识,并尝试主动在知识之间进行联系。知识本身不是思维,但是这种联系知识的行为是需要地理空间思维进行支撑的。换言之,联结知识的线条是在地理空间思维的推动下绘制出的,线条联结的位置是由地理空间思维决定的。学生的地理空间思维在这个过程中得到了锻炼。

绘制该等级的认知地图时,通过对知识层级关系与包含关系的梳理和集中可视化呈现,学生还将会获得对于"尺度"这一重要概念的感性认识。这里的尺度不仅仅是物理时空上的尺度,还有逻辑上的。

知识整理类认知地图的绘制是有范围和边界的,学生一般只需要将已经习得的课本知识体系化、图形化、空间化。

3. 主题表达类认知地图

主题表达类认知地图绘制的目标是,能通过观察和实践在现实的复杂情境中认识地理事物,记录、总结其现象和规律。

图5‑28是在实践研究中给学生布置的一份观察记录月相变化及其天空方位变化的任务单。请注意该图下部学生设计的三维立体空间方位坐标系,学生

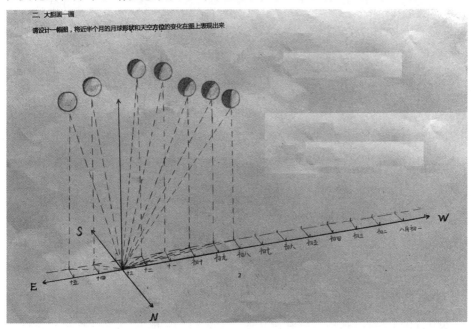

图5‑28　月相观察记录认知地图(高二学生绘)

通过这个坐标系参照定位,将半个月中每晚 20:30 所观察到的月相标定在了合适的空间位置上,不但显示了半个月中每晚相同时刻不同月相间相对位置的差异,更通过月相在坐标系上的投影表现了不同月相间东西方位的绝对位置差异,揭示了不同月相间的空间位置关系。用通俗的话说,这是一幅有地理味道的认知地图。而所谓地理的味道,其中最重要的一点就是要有空间感。

这种认知地图的绘制需要学生自行在现实的复杂情境中排除无关事物的干扰,独立自主地进行空间感知、空间表征和空间推理,是高阶的空间认知行为的训练。

有趣的是,实践这种空间认知过程是人类的天赋技能。千百年来,我们的祖先就是通过这样的认知行为和过程不断认识世界、理解世界,浩如烟海的人类知识库最初就是通过这种方式聚沙成塔的。教师不仅要帮助学生获得知识,更要帮助他们发展获得知识的能力和思维。

4. 学生认知图式指导策略

(1) 示范和榜样

学生课堂笔记的内容和形式的根源通常在于教师的板书,大部分情况下是学生对教师板书的模仿。所以,教师在设计板书时不仅要考虑知识的逻辑结构,更要综合考虑地理知识的逻辑结构与空间分布,用有空间设计的板书给学生提供一种认知地图的范式,便于学生模仿和借鉴,同时还要经常在课堂板书过程中有意识地提醒学生绘制图示。

知识整理认知地图绘制需要学生有很大的投入,定期评选出优秀作品予以奖励并进行集中展示很有必要。这样既能表扬、鼓励优秀学生,强化其绘图意愿,又能为其他学生提供榜样和指引。

(2) 降低中间因素的影响

在实践中,制约学生绘制认知地图的主要阻力在于学生的绘图能力,很多学生因为无法画出合适的底图而放弃在笔记或整理中添加认知地图。对此,教师可以预先印刷一些小幅面的空白底图在课前下发,这样学生就只需要在底图的合适位置做上标注,再将其贴在笔记本上,匹配相应的文字,就能形成自己的认知地图,可以大大降低认知地图的绘制门槛。

最后需要强调两点。第一,学生认知地图的成图效果虽然有助于教师评价学生的地理空间认知水平,但这并不是很重要。因为成图效果除了由学生的空间认知水平决定外,还受到从内隐的思维加工到外显绘图输出之间一系列诸如绘图能力、熟悉度与经验等中间因素的影响。大部分情况下,因受限于绘图表达水平,学生在绘制认知地图过程中所反映的地理空间认知水平常要低于其真实的水平。第二,提升学生的空间认知水平需要学生不断进行空间认知实践,即重要的是学生绘制认知地图的行为,而不是学生绘出的认知地图。只要学生持续地进行认知地图绘制,其空间认知图示就有机会不断修正、完善、进化,在不断的实践中提高空间认知水平。

总之,无论对于教师还是对于学生来说,绘制认知图式都是培养地理空间思维能力不可忽视的重要手段和过程。知识是认知地图的节点,逻辑是关联知识的线条,而思维正是牵出逻辑联系的那只无形的手。绘制认知地图的过程就是隐藏在大脑中的思维之手在练习的过程。对于培养学生的地理空间思维来说,重要的是绘制认知地图的行为过程,而不仅仅是认知地图本身。

　　地理空间思维培育是一个庞大且复杂的系统工程,笔者团队在实践基础上开展了多年的研究,构建起了空间思维理论与实践体系,"四境"教学方式在全国 20 多所学校推广应用,促进了中学地理教学方式以及学习方式的转变,教师的教学效率以及学生的思维发展有了明显的变化,成效显著。但也仍有不足和局限之处,如思维发展的过程性评价、具身工具库的丰富补充、具身认知与学生情绪和情感的关系等都有待完善。笔者团队将把它作为事业,继续深入探索,以求为地理教学做出更大贡献。

参考文献

1. 陈澄.新编地理教学论[M].上海:华东师范大学出版社,2007.

2. 崔铁军.地理空间分析原理[M].北京:科学出版社,2016.

3. 大卫·哈维.地理学中的解释[M].高泳源,刘立华,蔡运龙,译.北京:商务印书馆,1996.

4. 段义孚.空间与地方:经验的视角[M].王志标,译.北京:中国人民大学出版社,2017.

5. 段义孚.恋地情结[M].志丞,刘苏,译.北京:商务印书馆,2018.

6. 霍金纳德·戈列奇,罗伯特·斯廷森.空间行为的地理学[M].北京:商务印书馆,2013.

7. 焦秋生.地理学习的理论与方法——认知心理学研究的视角[M].北京:北京师范大学出版社,2016.

8. 理查德·哈特向.地理学的性质[M].叶光庭,译.北京:商务印书馆,1996.

9. 林培英.高中地理教师专业能力必修[M].重庆:西南师范大学出版社,2012.

10. 伦纳德·蒙洛迪诺.思维简史:从丛林到宇宙[M].龚瑞,译.北京:中信出版社,2017.

11. 罗伯特·米尔斯·加涅.教学设计原理(第五版修订本)[M].王小明,译.上海:华东师范大学出版社,2018.

12. 罗伯特·索尔所,奥托·麦考林,金伯利·麦考林.认识心理学[M].邵志芳,徐媛,等译.8版.上海:上海人民出版社,2019.

13. 罗布·基钦,马克·布莱兹.地理空间认知[M].万刚,等译.北京:测绘出版社,2018.

14. 玛丽·凯·里琪.可见的学习与思维教学——让教学对学生可见,让学习对教师可见[M].林文静,译.北京:中国青年出版社,2017.

15. 玛丽亚·哈迪曼.脑科学与课堂——以脑为导向的教学模式[M].杨志,王培培,等译.上海:华东师范大学出版社,2018.

16. 毛赞猷,朱良,周占鳌,等.新编地图学教程[M].2版.北京:高等教育出版社,2008.

17. 苏珊·汉森.改变世界的十大地理思想[M].肖平,王方雄,李平,译.北京:商务印书馆,2009.

18. 韦志榕,朱翔.普通高中地理课程标准(2017年版2020年修订)解读[M].北京:高等教育出版社,2018.

19. 西恩·贝洛克.具身认知——身体如何影响思维和行动[M].李盼,译.北京:机械工业出版社,2019.

20. 徐志梅.中学生地理空间能力培养[M].长春:东北师范大学出版社,2013.

21. 杨浪.地图的发现[M].北京:生活·读书·新知三联书店,2006.

22. 叶浩生.具身认知的原理与应用[M].北京:商务印书馆,2017.

23. 约翰·杜威.我们如何思维[M].杨韶刚,刘建金,译.北京:中国轻工业出版社,2017.

24. 詹姆斯·格雷克.信息简史[M].高博,译.北京:人民邮电出版社,2013.

25. 张素娟.地理学科本质问题解析与中学地理教学[M].北京:北京师范大学出版社,2019.

26. 中华人民共和国教育部.普通高中地理课程标准(2017年版)[S].北京:人民教育出版社,2018.

27. 董乔生.中学地理"具身"教学范式研究[D].青海师范大学,2018.

28. 侯璐.WebGIS培育区域认知的教学模式构建研究[D].华东师范大学,2019.

29. 胡婷.基于Google Earth的地理空间思维能力培养研究[D].广州大学,2016.

30. 蒋连飞.地理师范生的地理空间思维研究[D].华东师范大学,2018.

31. 李敬敏.GIS辅助下学生地理空间思维能力的培养[D].华中师范大学,2015.

32. 李娟.高中地理学习中的空间思维能力评价及实证分析[D].鲁东大学,2015.

33. 李俐.高中地理空间思维能力培养策略研究[D].华中师范大学,2017.

34. 李屏.GIS在中学生地理空间思维能力培养中的应用[D].福建师范大学,2015.

35. 王楠.VR技术在高中地理教学中的应用研究[D].河南大学,2020.

36. 徐志梅.中学生地理空间能力及其培养研究[D].东北师范大学,2011.

37. 张杰.基于3S技术培养高中地理空间思维能力的教学策略研究[D].广西师范大学,2018.

38. 张美.具身视角下AR交互模式在旅游情境体验中的应用研究[D].江南大学,2019.

39. 赵丽佳.基于GIS的中学生地理空间思维能力培养研究[D].南京师范大学,2020.

40. 赵娜.地理空间思维能力培养的教学案例观察与分析[D].内蒙古师范大学,2015.

41. 段玉山,姚泽阳.地理学科核心素养测评——基于现代测量理论的视角[J].中国考试,2018(02).

42. 郭建红.高中生地理空间思维能力的培养策略[J].课程教育研究,2018(16).

43. 郭迎霞,杨秋彬,潘捷.基于中学地理教学实践的空间思维相关概念的界定[J].地理教学,2021(01).

44. 嵇瑾.深度学习视域下的地理实验教学[J].中学地理教学参考,2020(17).

45. 李志河,李鹏媛,周娜娜,等.具身认知学习环境设计:特征、要素、应用及发展趋势[J].远程教育杂志,2018,36(05).

46. 林元龙.试论地理空间思维教与学的新视角[J].地理教育,2014(Z1).

47. 任虎虎.基于具身认知促进物理抽象概念构建的教学策略[J].物理通报,2019(10).

48. 沈夏林,杨叶婷.空间图式:沉浸式虚拟现实促进地理空间认知[J].电化教育研究,2020,41(05).

49. 徐志梅,唐永强.基于地理空间思维模型的美国高中地理教学设计[J].中学地理教学参考,2016(15).

50. 徐志梅,袁孝亭.地理课程标准中地理空间能力的培养要求解析[J].中学地理教学参考,2011(12).

51. 徐志梅,袁孝亭.地理空间格局知觉能力及其培养[J].地理教学,2010(19).

52. 徐志梅,袁孝亭.地理空间知觉能力及其教学[J].地理教学,2013(04).

53. 徐志梅,袁孝亭.高中生地理空间能力测量量表初步编制[J].内蒙古师范大学学报(教育科学版),2013,26(08).

54. 徐志梅,袁孝亭.美国地理课程标准中地理空间能力培养要求及启示[J].外国中小学教育,2011(10).

55. 徐志梅,袁孝亭.运用 GIS 培养中学生地理空间能力[J].中国电化教育,2010(08).

56. 徐志梅.计算机辅助教学培养地理空间能力探讨[J].地理教育,2012(06).

57. 袁孝亭.利用地理空间要素发展学生空间思维[J].课程·教材·教法,2009,29(08).

58. 赵彩霞,郭迎霞.具身空间视域下的地理空间思维建模探索——"地球公转"教学案例分析[J].地理教学,2020(04).

图书在版编目（CIP）数据

空间魔方：具身视域下中学地理空间思维的教学研究 / 郭迎霞 等编著. — 上海：上海教育出版社，2022.10
ISBN 978-7-5720-1689-9

Ⅰ.①空… Ⅱ.①郭… Ⅲ.①中学地理课–教学研究 Ⅳ.①G633.552

中国版本图书馆CIP数据核字(2022)第180989号

总 策 划　刘　芳　公雯雯
责任编辑　茶文琼
封面设计　陆　弦

空间魔方——具身视域下中学地理空间思维的教学研究
主　编　郭迎霞
副主编　赵彩霞　俞　琼　柳英华　景思衡
编　著（按姓氏笔画排序）
　　　　王　莺　杨秋彬　何　平　沈爱花　陈　敏　赵屹莉　赵彩霞　柳英华
　　　　俞　琼　徐波清　郭迎霞　陶佳慧　董训跃　景思衡　潘　捷

出版发行　上海教育出版社有限公司
官　　网　www.seph.com.cn
地　　址　上海市闵行区号景路159弄C座
邮　　编　201101
印　　刷　启东市人民印刷有限公司
开　　本　700×1000　1/16　印张 15.25
字　　数　233 千字
版　　次　2024年3月第1版
印　　次　2024年3月第1次印刷
书　　号　ISBN 978-7-5720-1689-9/G·1553
定　　价　56.00 元

如发现质量问题，读者可向本社调换　电话：021-64373213